삶의 징검다리

의암(義菴) 김흥호 자서전

동산문학사

2025년 5월 8일 아내 문정자 여사와 함께

2025년 5월 8일 촬영한 가족 사진

맨위 왼쪽부터 장남, 손녀, 차남, 둘째 며느리, 삼남
아래 왼쪽부터 장손, 맏며느리, 차손자, 외손자, 외손녀, 사위
맨 아래 아내, 저자, 장녀

회갑기념 사진

뒷줄 왼쪽부터 삼남, 사위, 차남, 장남
앞줄 왼쪽부터 장녀, 외손녀, 저자, 아내

1970년 12월 22일 결혼사진

1970년 12월 22일 결혼사진

회갑기념 사진, 아내 문정자 여사와 함께

장남 결혼 사진

장녀 결혼 사진

차남 결혼 사진

결혼전 아내와 데이트 중 찍은 사진

1970년 12월 22일 결혼사진

장녀의 졸업식에서 저자

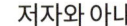
저자와 아내

아내

저자

아내와 여행 중

손주들과 함께

차남 군대 면회 때 모습

창작의 산실, 저자의 서재

서재에서 창작에 몰두하는 저자

서은문학회 활동 모습

농협 산악회

들어가면서

하늘에 먹구름이 가려진 민족에게 일제강점기는 암울한 시기였다. 힘 없는 백성은 선대의 가난과 고통만 유산으로 물려받았다.
 선비정신이 남아있던 나의 부친은 자신 앞에 어린 6남매를 가슴에 묻은 참척慘慽의 눈물로 생을 마치시었다.
 1944년 9월 12일 늦둥이로 태어난 나는 위 형제들의 이른

무궁화(송림회 전시작)

죽음으로 태어나면서 장남이 되었다. 만 16세 되던 1960년 늦가을 찬비가 내리던 날 아버님이 작고하셨다. 비록 가난과 슬픔의 유산만 물려받았으나 벼랑 끝에 풍란처럼 혹독한 시련에도 수레바퀴에 짓이겨진 질경이처럼 삶을 포기하지 않았다. 노모와 출가하신 누님 외 어린 동생 형제의 가장으로 책임과 의무를 다하려고 몸부림쳤다. 물불 가리지 않고 배고픔을 면하려는 시기였다.

국가 의무인 입영 통지는 거역할 수 없는 절망의 명령이었다. 환갑이 되어가는 어머님께서 대책 없는 동생 형제를 어떻게 감당하실지 실로 암담하였다.

1965년 11월 육군에 입대했다. 입대 당시 슬픔과 걱정으로 가슴이 미어졌다. 벅찬 세월의 언덕을 오를 때는 그리도 팍팍했지만 3년의 복무기간은 대가 없이 보냈다. 만기 전역을 해서 들어선 집안 사정은 여기저기서 얻어 쓴 부채만 기다리고 있었다. 가난한 형편으로 전교 1등을 놓치지 않았던 영특한 막냇동생은 중학교 진학을 포기해야만 했다. 그때 동생을 가르치지 못한 형의 책임과 상처는 평생 한이 되었다.

3년간 막노동으로 어질러진 빚을 다 갚았다.

어머님은 아들의 결혼이 적령기라고 서두르셨다. 가난의 짐뿐이고 인륜대사란 예식의 준비가 어느 정도 갖춰야 했지만, 어머님 연세에 당연한 독촉이었다.

젊음과 성실하다는 밑천으로 곱고 착한 인연을 만나 3남 1녀 자식을 얻었다. 아내의 효도와 우애로 어머님 생전에 따뜻한 아이들 웃음소리로 꽃이 피었다. 가정의 행복을 지켜 내려고 개미처럼 때로는 소처럼 책임과 의무를 다했다. 한때는 아이들 성장하는 육십까지만 살게 해달라고 빌었었다.

며느리 둘도 하나같이 보배요, 장손 며느리의 지혜로운 공덕으로 손자가 영재로 전남대학교 의과대학 진학했다.

  모든 근심에서 벗어나자, 내 인생을 찾고자 2003년 금호평생교육관 서예 교실의 문을 들어섰다. 단 한 순간도 결연한 의지로 붓을 놓지 않았다. 묵향은 다시 문학의 교실로 인도했다. 좋은 스승을 만났고 내 자존감에 열매가 열리고 봄날의 새싹처럼 연분홍 잎새는 아름다운 꽃으로 피어났다. 향기로운 꽃은 내 황혼을 살찌게 하고 영혼을 맑게 하였다.

  네 자녀들은 날개를 달고 각자의 영역에서 건강하고 행복한 가정을 일구었다. 부자 부모가 아니라 재산을 물려주지 못했으나 자녀들은 믿음과 성실로 노력하며 배우는 모습을 보여줬다.

  나 역시 국전 특선작가의 반열에 오르고 시집도 3권을 출간하였다. 나이 들어 불편한 몸으로 시문학과 그림 수업을 꾸준히 받고 있다. 여기까지 오는 동안 부족하기에 열심히 배우고 배웠다.

  끝으로 학정의 애제자 아정 선생님, 고 문병란 교수님, 박덕은 교수님, 사군자 송담 선생님, 문학의 길로 인도해준 지인께 감사드립니다.

  그리고 55년을 묵묵히 지켜봐 주고 내조해준 사랑하는 아내에게 뜨거운 감사를 진솔하게 보냅니다.

                              2025년 9월 일 두암골에서

                                   의암 김흥호 삼가

목 차

들어가면서 ··· 018

제01장 조상의 유래 ·· 023

제02장 아버지가 남긴 유산 ·· 035

제03장 입영통지서 ·· 043

제04장 사회 첫발 ·· 055

제05장 아내에게 지워준 짐 ·· 065

제06장 청송공파종회 종사의 임무 ····························· 081

제07장 아내의 자리와 며느리의 의무 ························ 093

제08장 4남매 자식들 ·· 103

제09장 명당의 슬픈 역사 ·· 117

제10장 다시 시작하는 노후 ·· 127

제11장 여정에서 만났던 인연들 ·· 147

제12장 고목나무에도 꽃이 피는가 ·· 155

제13장 육신의 무게 ·· 167

맺음말 ··· 180
  – 박덕은 미술관 시비 오솔길 · 182
  – 차 한 방울의 향기 · 183

의암義菴 김흥호 연보 ··· 184

제01장
조상의 유래

◆ 宗訓 ◆

깊은 뿌리
가꾸면서
자손만대
꽃피우자.

◆ 宗是 ◆

一. 崇祖尙門
一. 孝親敦宗
一. 育英啓導

1. 조상의 유래

시조始祖 대보공大輔公 김알지金閼智로부터 8세 내물왕奈勿王 11세 지증왕智證王 19세 원성왕元聖王 22세 신무왕神武王 23세 문성왕文聖王 29세 경순왕(敬順王은 직계直系 선왕이시다.

경주김씨는 신라국성의 후예로 삼국통일을 달성한 민족문화의 대업을 건설한 왕족이다. 조상의 슬기와 기량을 지닌 항시恒時 성덕聖德으로 일관一貫하신 왕실의 후예임을 증거 한 역사를 간직하고 있다.

라조 38왕을 비롯해서 삼한갑족三韓甲族으로 추앙받아왔다.

파조派祖 1세 태사공太師公 인관仁琯 고려 문종 조高麗 文宗 朝 문과장원文科壯元 검교태자태사檢校太子太師 사대교린事大交隣으로 웅지雄志를 펼치신 파조이시다.

9세 상촌공桑村公 자수自粹 고려 공민왕 19년 생원장원生員壯元 성균관입학成均館入學 이색李穡 정몽주鄭夢周 박상충朴尙衷과 친교 성리학자性理學者 자친환우 귀향 백약무효 시묘侍墓 3년

신라 경순왕 영정

삼강행실록三綱行實錄에 사림에서 효자비건립 안동부 남문 밖. 충청도관찰사忠淸道觀察使 좌상시左常侍 고려가 망하자 두문동杜門洞에 들어가셨고 후에 안동에 은거. 태종 3년 형조판서刑曹判書로 부름을 받자 충의忠義도 망하는구나 집 사당에 엎드려 영결永訣하고 불사이군不事二君의 충절을 굽히지 않고 절의를 지켜 경기도 광주군 추령에 이르러 자결로 순절하신 충절의 표본이었다.

영동 초강서원, 안동 물계서원, 보은 병산서원, 음성 지천서원에 봉안되시다.

11세 좌랑공佐郞公 영원永源 조부 상촌공 자수께서 순절하시자 서울 관악구 신림동에 정착하여 안평대군과 문한필치文翰筆致로 교분을 가졌다.

12세 삼주판관공三州判官公 신信 좌랑공 영원 셋째 아드님, 태종의 여덟째 아드님 익령군 소강공주와 결혼하여 경기도 고양시 성사동에 정착하셨다.

13세 참의공參議公 양준良俊 삼주판관공 신 둘째 아드님, 경기도 파주군 광탄면 영장리로 분가 자손이 번창하여 일세기 동안 당상관이 열여섯 분이 나와 김양촌을 이루었다.

14세 서흥공瑞興公 전瀍 참의공 양준 다섯째 아드님, 슬하에 손이 없어 형님이신 북일공 익 둘째 아드님 죽정공 영일을 계자系子로 삼았다.

15세 죽정공竹亭公 영일榮一 생부生父는 북일공北逸公 익瀷이시다. 서흥공瑞興公 전瀍 숙부께서 후사가 없어 출계出系하셨다. 사림士林의 학자로 학문에만 전념하셨다. 1589년 기축옥사 때 송강 정철이 정여립과 교분이 있었다고 무고한 죄목을 씌워 선조에게 상소하여 원폐冤斃를 당했다. 붕당정치朋黨政治의 피바람을 피하지 못해 아~원통하고 슬프도다. 하늘도 무심하도다. 자손들은 뿔뿔이 헤어져 일부 자손은 지금도 생사를 모르고 있다.

16세 무위재無爲齋 형중瑩中 죽정공 영일 둘째 아드님이시다. 기축옥사 후 남하 어둠의 발걸음 질곡의 산골짜기 자연과 산천을 벗 삼아 은둔생활 유택幽宅도 알 수 없어 통한의 눈물만 강물 되어

경순왕릉

흐른다.

17세 청송공靑松公 준술俊述 무위재 형중 둘째 아드님이시다. 전라북도 고창 고부 덕치에서 일시 정착하시다가 작고하시다. 현 광주시 문흥동에 면례 후 1992년 함평군 학교면 죽정리산 103번지 면례.

18세 군자감정공軍資監正公 시걸時傑 청송공 준술 아드님, 전라북도 고부 덕치에서 어떤 경로로 남하하셨는지 기록이 없어 알 수 없으나 광주 와지蛙只 대문산大文山 침사동針絲洞에 묘지墓地가 있었다.

19세 판결사공判決事公 성원聲遠 군자감정공 시걸 아드님이다.

20세 청계공淸溪公 항경坑慶 판결사공 성원 둘째 아드님이시다. 1624년 출생하셨다. 학문에 전념하시면서 후학을 가르치셨다.

28세 우곡공羽谷公 홍환弘煥 자字 찬숙贊淑

29세 야원공野源公 기영基永 자字 주성周星 부 홍환과 모 진주晉州 강각촌姜角村의 2남 1녀 중 장남으로 태어나셨다. 11남매를 낳으셨는데 6남매를 일찍 하늘나라로 보내고 참척慘慽의 눈물로 살았다.

30세 의암義菴 흥호興鎬 아버지 기영과 어머니 해주海州 최순임崔順任 사이에 11남매 중 채호(采鎬, 1926~1946) 장호(長鎬, 1941~1942) 등 6남매 사망으로 1944년 9월 12일 오 남매 중 장남으로 태어났다. 위로 누나 두 분이 계셨고, 아래로 남동생 둘이 있었다.

선친께서는 선비의 몸으로 농사일에는 적응을 못 하고 자식들이 태어나서 자라기도 전에 6남매를 가슴에 묻는 참척慘慽의 아픔까지 견뎌야 했다. 큰누나 덕순(德順, 1933~1973) 1952년 11월 9일 출가하시고, 둘째 누나 순례(順禮, 1936~2020) 1956년 11월 9일 출가하셨다. 누나 두 분 혼수품 혼인 비용으로 답 천오백여 평을 처분하였다.

일제 말부터 6.25사변 직후까지 숙부의 가족이 한집에 살았다. 어렵게 식량을 구해오면 부모님은 자식을 잃고 슬픈 가슴에 화가 들어 밥인들 목에 넘어갔을까? 숙부네 식구들은 쇠와 돌도 녹일 만큼 건강해서 쌀 한 가마니까 금방 없어지고 했다.

내가 태어나고 부모님은 슬픔에서 안정을 찾으셨는데 가세가 기울어 누나 두 분 결혼 시키고 빈털터리가 되었다. 가난은 어머니가 겪어야 할 몫으로 먹는 밥보다 눈물과 한숨과 고통이 더 많았을 세월이었다.

1954년 아버님은 그 힘든 형편에도 종사에 임하여 정유대동보 편찬사업에 전념하셨다. 일제강점기 핍박과 고통이 만연한 시대에 6남매를 가슴에 묻어 참척慘慽의 비애로 고통과 좌절을 통감하셔야 했다.
경주김씨 조상님들의 경국치세 신념인 인의예지仁義禮智를 본바탕으로 경주를 본향으로 한 이천년의 종통을 이어받아 가정형편의 어려움에도 종사에 전념하셨다.

정유대동보 수단과 명하전은 아버님이 맡으시고 수단정서는 김성규 아저씨가 맡으셨다. 처음으로 하는 문중 대사의 난관은 6·25전쟁 후라 다 같이 힘들어 명하전 받기가 가장 어려웠으나 극복해 냈다. 그때 김성규 아저씨는 공직생활을 하셨다. 퇴근 후 우리 집에서 촛불을 켜고 몇 시간씩 수단작성 하시는 것을 보았다. 긴 시간 심혈을 기울여 초고를 완성하시어 광산군 하남면에 거주하시는 김기상 아저씨 댁으로 가서 교정을 보셨다. 김기상 아저씨는 초고를 살펴보시고 두 분의 정성과 완벽한 수단작성을 치하하셨다.
두 분의 노력과 정성은 1957년 3년 만에 대전보소(회상사)에서 만족하게 정유대동보발간 본 81권이 세상에 빛을 보게 되었다. 가문의 뿌리가 터를 잡아 아버지의 기쁨과 남다른 환희의 마음은 컸다.
대전역에서 기차에 옮겨 싣고 광주역에 도착하셨다. 부친은

등짐으로 다시 5㎞를 걸어 자정이 되어서야 집에 오셨다. 힘들고 지쳤건만 자신의 노력과 정성이 깃든 족보를 모셔두고 집안 당숙 어른을 모시러 가셨다. 당숙과 함께 족보에 예를 올리고 개봉하였다.

족보를 모신 다음 날부터 가까운 친척에서 다른 문중에서도 소문을 듣고 구경꾼들이 몰려들었다. 정유대동보를 보는 경주김씨 문중은 물론 타 문중의 부러움을 샀다. 당시 아버지는 명하전을 하시면서 문중에서 한 푼도 지원을 받지 못하고 무보수였다. 김성규 아저씨도 무보수 봉사였다. 밀려오는 손님 밥상 걱정은 어머니 감당으로 이웃집에 빚을 내는 것도 한계에 달했다. 고지에 일품만 늘어나서 한숨이 깊었으나 남정네는 안 살림하는 가난한 아낙네의 심정을 알기나 했으랴.

더는 손님 접대가 어려워 족보를 생활이 넉넉한 당숙 집으로 모셨다. 선비의 기개氣槪를 물려받아 도리를 지키는 것 또한 고통이었다. 자식을 내리 여섯을 땅에 묻고 가문을 이어줄 늦둥이 자식이 귀엽고 사랑스러웠다. 배불리 못 먹이는 극도의 가난한 심정은 안쓰러워 내색은 안 하셨지만, 장남인 나를 아끼는 마음이 따뜻하게 전해졌다. 그래서 그런지 산에 나무를 하러 가도 동행하기를 좋아하셨다. 내리 삼 형제는 아버지의 마음에는 사랑으로 가득했으련만 현실은 먹구름만 끼었다.

아버지는 힘에 부친 고지를 얻어 배당된 농사를 지어 벼를 그 집 마당에 부려 놓아야 한해 농사 의무가 끝났다. 들판에서 오리 길을 볏짐을 나른 과정은 실로 눈물겨웠다. 건장한 사람은 볏 다발 열 뭇을 지고 다닐 때 아버지와 어린 나는 반으로 나눠서 지고 날랐으니 논둑길을 배로 왕복했다. 아버지는 아들의 등가죽이 벗겨진 붉은 피부를 보고 피눈물을 흘리셨으리라. 가방 짊어지고 학교에서 공부해야 할 나이에 자신의 능력 부족을 한탄하시면서 설움을 삼킨 아버지는 쌀 한 되에 하루 품삯은 맵고도 짰다.

한학을 하신 부친은 유식하시고 예의범절이 반듯하셔 고매한 선비였다. 자식들에게 엄하셨으나 타고난 체질이 허약하여 농사일에는 서툴렀다. 일제강점기에는 숙부 가족과 우리 가족 대가족을 먹여 살리는 책임은 부친 소임이었다. 대가족의 입은 쇠도 녹이고 자갈도 부서질 식성에 감당은 포기에 가까웠다. 아무것도 없는 집에 해만 지면 부엌문 앞에서 얼쩡거릴 때 간신히 풀죽이라도 끓여 놓으면 숙부네 식구들 차지가 되었다. 6.25 직후 삼시 세끼 걱정하는 처지에 북적거린 순간 숙부네가 안 터 밭으로 성주 해 이사를 갔다. 막내딸이 홍역으로 죽자 어머니 몰래 이웃과 공동묘지에 묻고 오신 모습이 아련히 기억난다.
　가세는 더욱 기울고 손위 누나 두 분 출가시키는데 그나마 밥줄인 토지를 처분하셨다. 소작논 두 마지기 밭 서 마지기로 식구들의 생계를 이어 간다는 것은 밑 빠진 항아리에 물 붓기가 아니라 배고픈 한만 넘실댔다.

나는 1958년 초등학교를 졸업하고 대인동에 있는 철공소에 기술을 배우러 갔다. 철공소 사장은 점포 한 칸에 용접기구와 연장이 너절하게 어질러 있었다. 말이 견습공이지 잔심부름이나 시키고 점심도 본인이 해결해야 했다. 배가 고파 견디기 힘들었다. 거기다 3년간 무보수란다. 단 한 푼이라도 좋으니 그날그날 벌어야 하는데 인내에도 희망이 안 보여 3개월 만에 그만두었다.

철공소 견습공 일을 접고 있는데 고향 선배와 동갑내기 친구가 일거리를 제공하여 월 4천 원 보수에 십자매 집을 만드는 일을 하게 되었다. 재료는 담양에서 대나무를 구입해서 가늘게 쪼개고 둥글게 다듬어 새집을 만드는 작업이다. 동갑 친구는 대바구니를 만들었던 내공의 솜씨가 있어 잘 만들었다. 만들어지는 새집은 쌓여가니 판로가 문제였다. 친구와 나는 어깨에 몇 개씩 매고 인구이동이 번잡한 충장로 거리로 판매에 나섰다. 먹고 살기도 힘든 세상에 새장이 팔릴 리가 없어 결국 그 일도 접었다.

여름 한철 아이스케키 장사는 붐이었다. 10~20대 초반 청소년 다수가 케키통을 짊어지고 목청 크게 시원한 케키 있어요 때로는 애절하고 힘 빠진 소리로 호객을 불렀다. 나는 용기를 내서 시내버스가 없었던 때라 6㎞를 걸어서 부래옥 공장으로 갔다. 친구 소개로 갔으나 결근한 자리가 있어 운 좋게 케키통 배당을 받았다. 케키통 배당을 받은 친구들은 구성지고 씩씩하게 숙련된 목소리로 거리를 누비면서 잘도 팔았다. 얼음 통에 있는 케키는 점점 녹아가고 위아래 입천장은 지남철처럼 달라붙어 "케키 사세요~" 소리가 나오지 않았다. 학동 거리를 지나는데 서러워 눈물이 났다. 시커먼 장정들이 나타나 케키를 요구해 주었더니 꼬마야 구역을 알고나 다니라면서 자릿세를 내란다. 각박한 세상에 벼룩의 간을 내먹는 기생충도 있구나, 비통한 생각이 들었다. 그 후로 케키통을 배당받지 못해 그만두었다.

아버지는 내리 장남과 차남이 요절하고 늦둥이로 태어난 내가 사랑스럽고 소중하셨는지 서툰 나무를 하러 갈 때도 데리고 다녔다. 아버지는 삼 형제를 두시자 건강히 잘 자라준 형제들을 보시고 흐뭇하고 기뻐하셨으나 가난이란 먹구름이 떠날 날이 없었다. 쌀 한 되가 하루 품삯이었다. 간신히 얻은 고지도 모는 심으나 벼 수확을 주인집에까지 지게로 옮기는 아버지의 능력으로 벽이 너무 무거웠다. 등가죽이 벗겨진 열다섯 자식의 등보다 마음이 더 아팠을 아버지 속은 피눈물로 까맣게 멍이 들었을 아버지! 그 심정을 내가 깨달아 가는데 시간이 얼마 걸리지 않았다. 어린 아들이 무엇이라도 해보려고 애쓰는 모습이 안타까웠던지 고생할 테면 큰물에 가서 해보라는 아버지의 심정이셨을까 아버지는 편지를 써주시면서 서울 큰 매형을 찾아가 보라고 하셨다. 학교는 못 보내도 기술이라도 배우라고 맏사위에게 보낸 것이다. 매형 집은 서울시 마포구 합정동이었다. 큰누나 집도 어렵게 살기는 마찬가지로 맨주먹으로 시작한 장사는 신통할 리 없었고 나보다 먼저 와있는 시동생들과 시누이까지 내가 뻗을 자리는 없었다. 서울에 꿈은 며칠 쉬었다 오는 것으로 고이 접고 귀향하였다.

 일 년 농사 고지를 먹는 생활의 고난은 계속되었으나 아버지의 몸은 쇠약해져 결국 병이 나셨다. 입에 풀칠하기도 어려운 처지에 약 한 첩 다려드리지 못하고 내가 만 열여섯 살 되던 해 쌀쌀한 가을 56세의 일기로 운명하셨다.
 노동일을 해보지 않으신 선비가 공자 논어 시경을 덮어두고 지게질이 서툴러서 굴러버린 자존심, 자식들에게 배불리 먹이지도 못하고 자식이 부모를 묻어야 하는데 어린 자식을 여섯이나 먼저 묻은 부모의 애통함까지 지고 가는 아버지는 서럽게 낙엽 지듯 5남매와 가난이란 멍에의 유산만 남겨두고 우리 곁을 영영 떠나셨다.

제02장
아버지가 남긴 유산

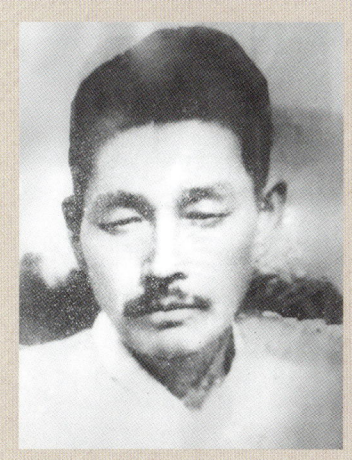

아버지 이름을 불러 본 지도 65년
숨소리 크게 못 내고
발자국 소리 죽이며
조심조심 불러 본

그 이름 아버지!
늘 미안한 무게에 짓눌리고
등 떠민 적 없이 밀려온 삶

2. 아버지가 남긴 유산

 아버지가 우리 가족에게 남겨주신 유산은 경주김씨 파조 태사공 인관의 직계 30세 손으로 왕손의 열매다. 그 뿌리가 면면히 이어준 위대한 유산은 찢어지게 가난뿐이었다. 남들이 중학교 교복을 입을 때 동네에서 야학하는 선생님이 계셨다. 허락을 받고 추구, 사자소학을 배우며 학문에 눈을 뜨는 즐거움으로 명심보감을 배우던 중 아쉽게도 선생님께서 이사를 가셨다. 그나마 행운이 었던 배움의 기회는 굳은 철문이 앞을 가로막아 버렸다.

 부친의 몸은 점점 쇠약해져 살림은 더 어려웠고 명절에 찾아오는 손님을 접대할 식량이 없어 또 고지를 냈다. 환갑이 가까워진 아버지는 병이 나셨으나 1960년 10월 27일 제대로 약 한 첩 드시지 못하고 운명하셨다. 그때 나는 만 열여섯 살, 거기다 싸늘한 가을에 비까지 처량하게 내렸다. 친지들의 도움으로 안타까운 장례를 치렀다.
 고인의 묫자리 안택이 끝나자 원인도 모르는 차용증서를 들고 무섭게 찾아오기 시작했다. 아버지는 식솔들을 굶기지 않으려고 여기저기 빚을 내어 산 입에 거미줄을 치지 않게 하려는

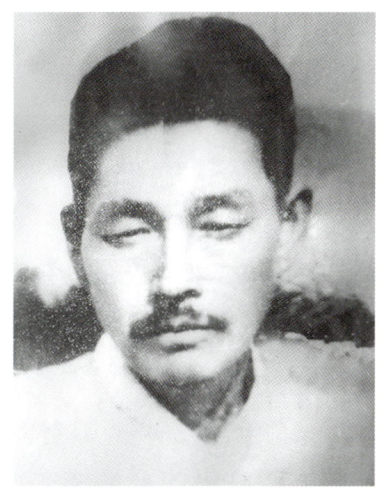 

부모님의 사진

자구책으로 진 부채였다. 그뿐 아니라 경조사에 출입할 때마다 빈손으로 가지 못한 입장이 이해가 되었다. 문중에서 얻어 쓴 부채가 누적되어 늘어난 부채였다. 가신 분은 말이 없고 한 많은 가난도 벗어버렸으니 살아있는 자들의 의무만 남았다. 당장 끼니 걱정을 하는 형편으론 너무 큰 빚이었다. 친목계, 위친계, 곗돈은 계원들의 입이 여럿이라 비난의 화살은 감당키 어려웠다. 피눈물로 사정하여 부채를 연기했다.

나는 농번기나 농한기에도 쉬지 않고 일할 곳을 찾아 동서남북 일감을 찾아 개미처럼 일했다. 발등에 떨어진 장남의 무게가 온몸에 사슬을 감고 있는 무게였고 겉으로 내색할 수 없는 고통의 대물림이 아버지의 슬픔을 느껴가기 시작했다. 눈이 와서 일거리가 없으면 친구와 십자매 집을 만들어 판매도 해보고 시내에 나가 부래옥 아이스케키 통을 짊어졌으나 내성적인 내 입에서 혀가

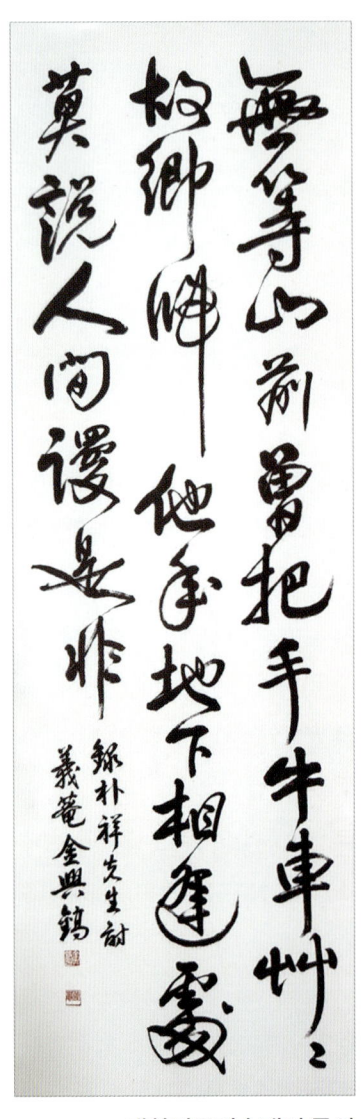

대한민국미술대전 특선

지남철처럼 달라붙어 "시원한 아이스케키 사세요" 소리가 나오질 않았다. 간신히 통을 배당받았으나 주인의 눈밖에 벗어나 통을 내려놓았다. 본전은 커녕 건달들에게 빼앗겨 손해를 입혔으니 그 일도 내가 할 일이 아님을 알았다.

무슨 일이라도 해야 했기에 철공소에 기술을 배워보려고 다녔으나 임금은커녕 배가 고파 다닐 수가 없었다. 다시 공사장 막노동 일터로 갔더니 죽이라도 먹을 수가 있었다.

친척 삼종 형님댁에 황소가 있었다. 그 형님은 논밭 갈이를 하면서 술을 좋아해서 쟁기를 자주 쉬곤 했다. 그 형님이 쉬고 있는 틈을 이용해 쟁기를 잡고 소를 몰았다. 쟁기질도 보기는 소고삐만 잡고 따라가는 것이 아니라 방향과 땅에 깊이를 가늠 해서 소를 조종하는 기술도 쉽지 않았다. 엎어지고 무릎 정강이 멍이 새까맣게 들도록 쟁기질을 배웠다. 논밭 갈이 손수 해서 삯을 아꼈다.

겨울이면 땔감이 없어 나무를 해야 했고 지게질이 서툰 나는 나뭇짐을 지고 산 내리막길에서 수없이 굴렀다. 삼각산에 올라 지게를 부려놓고 시내를 내려다보며 공부하고 있을 또래들을 생각하면 그렇게 서러울 수가 없었다. 그 고난 속에서도 돈을 벌어 부자가 되겠다는 생각보다 나도 책가방 한번 들어보고 싶고 사각모자 한번 써보는 꿈을 내려놓을 수 없었다. 나무하러 별을 보고 갔다. 달을 보고 내려오면서 나무 두 단은 몇 십리 길로 서러운 길이었다. 각화 재에 오면 눈물로 범벅 되었다.

아버지가 안 계시니 남자가 하는 일은 모두 내 몫이었다. 재래식 화장실 인분을 퍼내어 인분통 짊어지고 퇴비로 사용하였다. 다섯 통의 저장 항아리 인분은 오이, 호박 등의 밑거름이었다. 반 정도 찼을 때 똥 장군에 퍼 담아 출렁거린 지게를 지고 밭길 떼는데 심하게 흔들거려 리듬을 맞추지 못했다. 경험 없는 똥 장군 지게꾼 경사 길을 가다가 넘어지고 말았다. 인분통은 옆구리가 터져 엎질러진 곳은 하필이면 군인 댁 사모님이 사는 부엌문 앞이었다.

인분의 악취로 가득한 그 댁의 사모님은 젊었다. 염치없는 인분은 한사코 사모님 토방 앞까지 착실하게

쭉쭉 뻗어가는 만대 번성

오물을 깔아놓았다.

　민망하여 어쩔 줄 모르고 있는데 그 사모님 뜻밖에도 부드러운 음성으로 괜찮아요! 다친 데는 없어요? 그 한마디 배려의 말은 천사가 지상으로 내려와 나에게 전한 말이었다. 나는 토끼가 용궁에서 살아온 심정으로 청소하며 고마운 마음으로 복 받고 사시라고 빌었다. 굶기를 밥 먹듯 하면서 배움은 주린 창자보다 더 아픈 시절로 한이 많은 십대 후반은 연속이었다.

　1961년 십팔 세가 되던 해 동구 중흥동 경양방죽에서 신안동으로 하천 배수로 공사가 있었다. 직강공사를 하는데 중장비가 없는 시절이라 인력으로 공사를 했다. 지게로 흙을 날릴 때 마다 한 짐에 전표를 찍어주었다. 석양이 되면 일한 성적대로 계산해주는 능력제였다. 나는 지게질을 못 해 흙짐 일은 할 수가 없었고 석축공사 보조 일을 갔더니 현장 감독은 애송이 머리를 보더니 젖 더 먹고 오라고 쫓겨났다. 그 후로 머리를 길렀다.

　그 공사장에서 석축 기술자로 일을 하신 삼종형임이 내 형편을 알고 석궁보조로 알선해 주셨다. 머리가 길어 소년티를 벗어나고 하는 일은 규격에 맞는 돌을 굴러 다 주고 틈새에 잔돌을 채우는 일이었다. 인건비는 한 달에 계산해주기로 되었으나 임금 체불은 다반사로 행해졌다. 그 일터도 현금이 50% 미국에서 원조해준 양곡이 50%였다. 배가 고픈 노동자들은 상인에게 10% 떼고 전표를 팔아야 했다.

　석축 기술자는 일반 인부보다 3배 정도 더 벌었다. 삼종형임을 따라 3년 동안입에 풀칠을 하면서 기술을 익혔다. 처음으로 축대 쌓는 망치를 물려받아 초보로 일을 하였다. 중노동이지만 보수는 일반 인부보다 조금 더 받았다. 걸음마 단계지만 기술을 익히고 일을 하면서 굶지는 않았다. 형편이 조금씩 나아지니 어머니 눈에서도 눈물 대신 웃음이 번져갔다. 별 보고 나가 달 보고 온 다리가 휘청거리며 집에 돌아오는 일과 속에 부채를 성실히 갚아나갔고 욕먹을 짓과 도리에 어긋나는 짓은 하지 않았다.

일이 있는 곳이라면 장소를 불문하고 찾아 나섰다. 도서 섬 지방에 가면 공사가 끝나기 전까지는 일터를 벗어나기 어려웠다. 공사에 따라 길게는 1년 짧게는 한 달도 되었다. 숙식은 민박에서 주로하고 큰 공사장에서는 현장에서 임시 거처를 지어 숙식을 하기도 했다. 섬 지방의 공사는 힘들어도 육지에서 먹어보지 못한 생선국이며 겉보리 밥도 실컷 먹었다. 일은 힘들어도 몸은 단련되어가고 성장해 갔다.

바닷가 석양에 낙조가 눈부시게 빛나고 아름다워도 쏟아지는 잠에 눈꺼풀이 더 무겁고 좋은 것도 아름다운 풍경도 식후경이었다. 육신이 편해야 마음의 여백도 문이 열리지 하루하루가 젖은 솜덩이가 된 육신에서 무슨 얼어 죽을 낭만이겠는가? 눈물 젖은 빵을 먹어보지 않는 사람의 어설픈 낭만이 더 쓸쓸하게 만들었던 섬마을 노동자의 슬픈 추억이 시멘트처럼 굳어버린 내 청년 시절이었다.

완도와 고금도 금일도 현장 일은 봄에 들어가서 추석 무렵까지 했다. 공사 수주를 맡은 사람이 정직하면 임금을 제때 받고 불량한 업주를 만나면 임금을 뗄 때도 있었다. 비통하고 야속한 일이 빈번했던 시대였다. 완도 현장 사장 아들 이○○군이 광주행 차를 타고 오면서 급한 일이 있다면서 임금 탄 돈을 약간 빌려 주었는데 그 후 사장도 공사가 망해버리고 임금도 일부 떼어버리고 빌려준

돈도 받지 못했다.

　추석 전날 완도 현장에서 임금을 받아 집에 가야 하는데 사장은 나타나지 않고 돌아오는 차비도 없어 고민하다 완도읍에 사장 처갓집을 찾아가 사정을 이야기하고 차표를 사주어 밤 열한 시경에 광주에 도착, 십여 리 길을 걸어서 귀가했다. 완도 현장 이○○ 사장은 광주 중흥동에 살고 있었다. 추석날 아침에 찾아갔더니 가족들과 추석상을 받고 있었다. 그 사장이 양심을 펼쳐놓은 추석상을 바라보니 말문이 막혔다. 임금 절반만 받고 돌아오는 분노보다 내가 당한 참담함에 더 슬펐다.

　그해 11월 입영 통지를 받아놓은 시기에 한 푼이라도 생활비를 어머니께 드리고 입대해야 할 처지에 이렇게 서글픈 일이 있을 줄이야 현장 일에 익숙해지면서 업자들의 인간성도 알아갔다. 성실한 사람들과 일을 하는 것도 보람 있었고 소년가장이 성인이 되어가면서 고된 중노동으로 바위처럼 무거운 빚더미에서 드디어 벗어났다. 그렇게 버티고 견디면서 5년 만에 빚도 다 갚고 부친의 명예도 회복되었다. 아버지께서 남긴 슬픈 유산은 나의 땀으로 정리되었다.

　아버지의 유산 속에는 부지런히 정직하게 살아가야 한다는 값진 유산도 포함되었다. 고통의 시련 속에 얻어진 것은 마을 주변 사람들에게 성실한 모범 청년이란 신뢰를 얻었다. 이제는 굶지 않겠다고 한숨을 돌릴 때 국가에서 입영 통지가 사형선고 같은 무거운 명령이 도착했다.

제03장
입영통지서

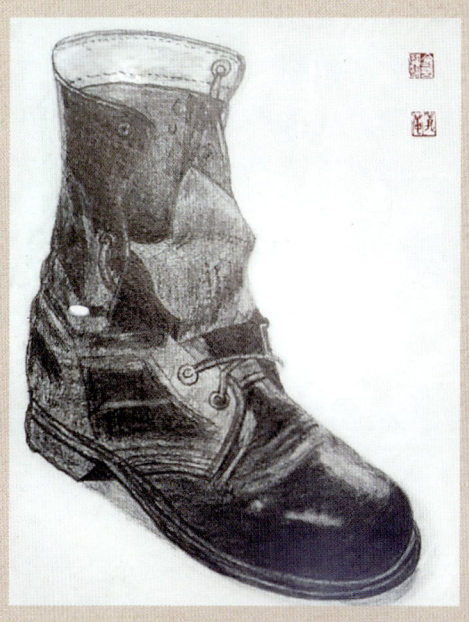

손톱과 발톱 머리칼을 잘라
어머님 전에 짐을 부치던 날
군번을 이빨 사이에 끼고
부모님이 저에게 주신 살 쪼가리요
희죽 번지는 웃음 속에
참 울음도 울어봤다.

3. 입영통지서

나의 입영통지서가 문제가 아니라 연로하신 어머님과 철없는 어린 동생들의 생계가 문제였다. 내가 없는 가정의 형편이 말이 아니나 국가의 명을 거스를 수가 있겠는가? 외로운 고도에서 가족을 남겨두고 도망가는 심정이었다. 다행히 빚은 없으나

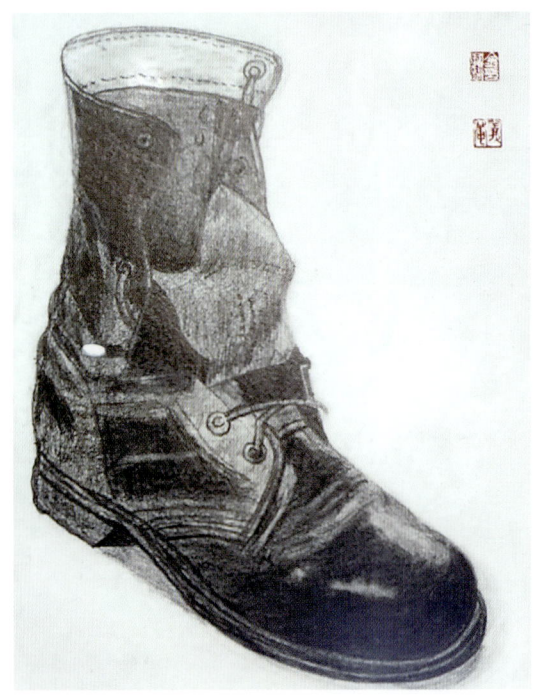

연필스케치(군화)

모은 재산이 없으니 먹을 것 없어 천정에 쥐들도 아우성에 주린 배로 잠을 설칠 가족이 눈에 밟혔다. 동생들에게 형이 할 수 있는 말은 오직 어머니 잘 모시라고 여비에서 5백 원을 주었다. 동네 어르신들의 배웅을 받으며 문밖을 나설 때 어머님은 광주역까지 따라오시면서 부탁은 월남은 가지 말라는 신신당부였다.
　가족의 눈에 밟힌 걱정을 뒤로하고 군용열차에 타고부터 군기를 잡기 시작했다. 나라에 몸을 맡긴 순간부터는 개인 자유란 없고 명령에 복종하는 것이다. 일주일간의 신체검사 마치고 1965년 11월 29일 군번 11535599. 이것이 나고 내가 이 숫자인 셈이다. 군번을 매만지며 느꼈던 내 마음을 수첩에 적어놓았던 모양이다.

　　화투장만 한 니켈 쪼가리
　　이것이 나고 내가 이것일 것이다
　　만일 경우 내가 어느 날
　　피어보지도 못한 꿈의 봉오리를
　　깊은 계곡에 떨어뜨린다면
　　뼈는 희겠지만 목에 걸린 이름표
　　A형이란 혈액형이 군의관을 도울 수 있겠지

　　손톱과 발톱 머리칼을 잘라
　　어머님 전에 붙이던 날
　　군번을 이빨 사이에 끼워보고
　　부모님이 저에게 주신 살 쪼가리요
　　희죽 번지는 웃음 속에
　　참 울음도 울어봤다.

논산훈련소 6주간의 신병훈련은 정신을 차릴 수가 없어 집 걱정도 나지 않았다. 훈련은 받을만하고 이겨내는데 물이 부족하여 땀에 젖은 군복 세탁은 언감생심, 윗도리 카라에 찌든 땀과 오염으로 목에 발치가 나서 종기가 씻기고 벗겨지기를 반복하여 아물 틈이 없었다. 세수 물로 카라를 빨아 입었다. 6주간 훈련 중 사격훈련이 가장 엄한 훈련이었다. 상반기 훈련이 끝나고 첫 월급이 지급되었다.

첫 월급의 액수는 〈일백삼십 원〉이 엄청난 금액으로 신병들은 무엇을 할 수 있었을까? 편지지 사고 회식비 내고 나니 빵 하나 사 먹을 돈도 안 남았다. 나는 입대할 때 비상금으로 챙겨온 5백 원은 팬티 속에 감춰두고 있었다.

하반기 4주간 훈련은 행군이 죽을 만큼 힘들어 고통을 잊기 위해 월남에 달밤을 목이 터지도록 불렀다. 4주간의 후반기 훈련도 마치고 의정부 백일보충대에서 일박을 하고 20사단 62연대 신병교육대에서 4주간 훈련을 받았다.

1966년 4월 모든 훈련이 끝나고 20사단 62연대 10소대 2소대로 배치받았는데 최전방이었고 남방한계선 GOP 근무였다. 3명이 1개 조로 무장하고 다녀야 하고 야간에는 일체 통행금지였다. 사람 식별이 어려울 때 근무교대를 하였으며 그야말로 입에는 재갈을 물리고 야간 잠복호에서 외로운 경계근무다. 오직 하늘에 별빛만 쏟아지고 달과 구름도 유유히 대지를 비추는데 자유롭게 날아가는 새들뿐이다.

북한 스피커에서는 처량한 음악이 흘러나와 구슬프게 했다.

자유와 평화

그것은 남한 장병의 심리적인 변화와 향수를 유도하는 의도적인 방송인 것 같았다. 밤하늘에 별자리 움직임을 보고 시간을 짐작했다. GOP 근무는 눈을 감으면 죽고 눈을 떠야 산다. 낮에는 잠을 자고 야간에는 올빼미로 근무를 선다. 처음에는 힘들었지만 잠도 습관이 되니 2교대의 근무는 가족적인 분위기에서 별 탈 없이 충실하게 근무했다.

밥도 제때 먹고 임무가 단순해서 병사들끼리 충돌도 없고 서로 의롭고 고단하기에 의지하며 지루한 시간을 잘 버틸 수가 있었다. 로보트 마냥 단순한 군대 생활이지만 북한과 대치 상황만 아니라면 주변의 자연생태계는 지상낙원이다. 비무장지대라 싱싱한 머루, 다래. 더덕, 도라지, 샛강에는 물 반 고기 반이다. 노루 멧돼지도 자유롭게 경계에 두려움 없이 노닐고 생태계의 보고였다. 일 년을 근무하면서 새들처럼 자유롭게 오고 가는 평화스러워 풍요롭고 아름다운 땅이었다.

장마철에는 휴가가 금지였다. 폭우가 쏟아지는데 중대 본부 서무계가 전화, 내일 아침 중대 본부로 올라와 문서 연락병과 대대본부로 가라는 것이다. 대대장님 면담이라는 말만 듣고 어떤 영문인지도 모르고 대대본부에 도착 안면 있는 대대장 부관이 무슨 일로 왔느냐고 묻는다. 대대장님 부름을 받고 왔습니다. 의아한 눈치로 어? 휴가도 중지되었는데 한다. 안에서 기침 소리와 함께 김 일병 아직 안 왔느냐고 물었다. 방금 도착했습니다. 대대장 집무실로 들어가자 직접 10일간 휴가증을 작성해 주셨다. 그분의 배려에는 각별한 심부름이 있었다.
광주 조선대학교 출신으로 동명동에 동서가 살고 있었다. 전근 와서 소식을 못 전해 집 위치와 약도를 그려주면서 찾아가서 안부를 전해달라는 것이다. 행여 부재중이면 전남도청 산림과에 가서 찾아보라는 것이다.

새파란 신병의 휴가는 오고 가고 4일을 제하고 6일의 휴가는 남들이 못 가는 휴가의 기회가 나에게 주어졌다. 부대 규율에 벗어나서 고향으로 가는 길은 들뜨고 자유스러움은 잠시, 집에서

물의 근원

내가 없는 동안 어떻게 살아들 갈까? 무거운 마음이 엄습해 왔다. 귀향길에 서울 누나 집을 내가 열여섯 살에 가고 스물세 살 군대 가서 휴가 가면서 7년 만에 누나 집에 들르니 형편은 풀리지 않고 누나 고생은 여전했다. 하룻밤 자고 군복 통바지를 줄여 입고 집으로 향했다. 누나가 허리춤에서 오백 원을 내 손에 꼭 쥐여 주신다. 눈물이 핑 돌았다.

집안에 들어서자 버선발로 나오신 어머니 반가움은 무탈하게 살아가고 있는 것이 다행이었다. 내가 없는 빈자리로 가난에 그늘의 실상은 더 깊었다. 6일의 짧은 휴가는 어머니와 동생들 생계비 걱정은 너무 촉박하고 귀대하는 여비를 벌어야 했다. 편히 쉬었다 갈 수 없는 고달픈 휴가에도 어머님 동생들 얼굴 보며 조금만 참자고 빌었다. 이대업 대대장님 심부름은 착실히 주소를 전달하고 그 일로 대대장의 배경이 있는 줄 알고 신병 생활은 훨씬 부드러워졌다.

밤에 꿩이 푸드득 날고 노루가 날뛰면 조용한 밤은 긴장감으로 장병들의 촉수가 날카롭다. 1966년 여름 실제로 긴급했던 사태가 62연대 10중대 1소대 부근에서 일어났다. 북한군이 경계선 허점을 타고 내려온 부근은 계곡 주변인데 지뢰(부비트랩) 연결선에 걸려 3명이 사살된 사건이었다. 아군 피해 없이 상황이 마무리되고 포상이 이뤄졌다.

당시 중대장은 휴가 중이었다. 휴가 간 중대장은 포상에서 제외되고 당시 이대업 대대장은 계급정년이 가까워 대령 진급이 어려웠는데 운이 따라 대령 진급되는 행운을 얻었다. 1군사령부로 발령받아 간 뒤로는 소식을 알 수가 없었다. 그 사건이 있은 뒤 전쟁 아닌 전쟁 속에 동기들이 있어서 좋았고 매주 토요일에 막걸리 한 말에 소대원 회식이 있었다. 회식이 있는 다음 날은 어김없이 비상 훈련이 기다렸다. 그것이 군대고 규율대로 움직이는 것이 곧 군대. 서글프고 힘도 들었지만, 추억이고 군대를 통해 세상의 질서를 깨닫게 되었다. 근무지 특수 상황상 24시간 눈을 뜨고 근무를 해야 했다.

    부대이동으로 전후방 근무지교대 부대가 이동하면 일이 많다. 환경정리 미화 작업 며칠을 눈코 뜰 새 없이 지내는데 인사계님이 불렀다. 중대 본부에 들어가니 관물 싸가지고 파견 나가라 한다. 분대장은 고문관을 보내야 한다고 하는데 중대장 명령이야 김 일병 보내, 영문도 모르고 연천 헌병파견대 각 연대에서 한 명씩 차출 4명이 야간 근무다. 그곳에는 포사령관, 연대장 두 분 관사가 있었다. 원래는 헌병이 해야 하는데 TO가 부족해 보병지원을 받은 것이었다.
    근무만 다를 뿐 숙식은 헌병과 같이했다. 배고프던 부대와는 달리 밥이 남아돌았다. 헌병대 근무 일 년은 부드럽게 행운을 누렸다. 내 소속은 20사단 62연대 10중대 2소대다. 상병으로 진급 봉급이 340원 1년간 내 봉급을 동기가 다 써버렸다. 나는 배부르고 편하게 지내니 별 신경 안 썼다.

    연대장님이 불시에 방문 너 유격훈련 받았냐? 안 받았습니다. 유격훈련 받아야지, 그다음 날 본대로 귀대해서 유격훈련을 받았다. 유격훈련은 지옥 훈련이라고 했다. 훈련 시작부터 끝나는 시간까지 휴식 시간이 없다. 첫날 훈련에 8㎞ 구보가 있었다.

혹서의 땡볕이라 낙오자는 구급차에 실려 가면 회복되면 다시 받아야 했다. 이 지옥 훈련도 무사히 받고 나니 군인다운 군인이 되었다.

신병교육대에서 총검술과 제식훈련 과목을 맡아 조교로 근무했다. 신병들과 보내는 시간도 즐겁고 재미 붙여 근무하는데 중대 본부 서무계는 나와 동기다. 나도 병장으로 진급이 되었다. 신병 중대 본부 박 병장이 제대했어 공석중이야, 나더러 지옥에 가라고 적합한 사람이 너밖에 없어, 꿈에도 생각하지 않았던 신병 중대 본부 서무계 부임해서 먼저 할 일은 신원진술서 작성이었다.

신원진술서는 신병 이름 부모 이름 가장 친한 친구 이름을 한문으로 쓰기 때문에 나에게 기회가 주어졌다. 그 시절엔 보충역 등 무더기로 입대했기 때문에 나이 많은 병사가 많았다. 많게는 서른여덟 살의 삼십 대도 많았다. 무학자도 많아 한글로 자기 이름도 못 쓰고 더욱이 한문을 알고 있는 병사는 귀했다.

신병 중대 중대장은 육사 출신으로 원칙주의자였다. 나는 펜(그 시절은 볼펜이 없고 펜 잉크) 사건으로 호된 질책을 받았다. 근무 태도가 불성실하다는 이유였다. 처음에는 무엇을 잘못했는지 몰랐다. 책상 위에 펜이 비틀어지게 놓았다는 것이다. 정신이 비틀어지면 행동도 비틀어진다는 것이다. 중대장 성격을 알고 원칙대로 실행하니 배겨나기 힘들다는 상관 밑에서 임무를 수행할 수 있었고 신뢰도 얻을 수 있었다. 사람이 원칙대로 산다는 것이 쉽게 생각하지만 가장 어려운 것임을 깨달았다. 어느 정도 업무에 익숙해 가는데 15일간 정기휴가를 운 좋게 찾아 먹었다.

귀대하니 고참병 특혜 줬다. 사단 OP파견 1개 분대가 통신대 경계 근무지다. 통신대 소속 동기가 있었다. 군에서도 동기는 유독 반가웠다. 여유로운 시간도 가질 수 있었다. 예정대로라면 제대가 한 달 정도 남았다. 이때는 하루가 천추 같다. 1968년 1월 21일 북한 김신조 일당이 청와대 기습사건이 터져 국가비상사태가 선포되었다. 제대특명으로 고참병들에겐 속이 바싹바싹 타들어 가는 때 나도 예외는 아니었다. 육본에서 전하는 통신은 사단 OP에서 맨 먼저 접한다. 통신병 임무는 24시간 수화기를 귀에서 안 땐다. 피 말리는 시간 적막寂寞을 깨고 김 병장 축하해 1153까지 제대특명이야 한 달에 한 번 제대특명이 있었는데 하루 늦게 군번 받은 장병들은 6개월 더 복무했다.

30개월 8일 군 복무기간 인복을 누리는 행운을 안고 무사히 군 복무를 마쳤다. 돈도 배경도 없는 연약한 청년이 바람 부는 대로 구름 가는 대로 그저 흘러가다 보니 좋은 인연도 만나는 행운도 있었고 어려운 상황에서 깨달음도 얻었고 돈 주고도 못 가본 비무장지대 GOP 근무하면서 생태계 보고 오염되지 않은 자연에서 누리는 꿩, 노루 등과 함께한 시간들 그 속에 긴장된 마음도 있었지만 값진 경험이었고 생에 최고의 추억으로 남았다.

남자는 군대를 갔다 와야 비로소 남자가 된다.

국화

제04장
사회 첫발

修身齊家 수신제가
治國平天下 치국평천하

여자는 남자의 마음의 고향
믿음으로 감싸주는 모성애 같은
사랑의 힘

4. 사회 첫발

1968년 6월 8일 육군 만기제대, 귀향은 들뜨고 자유스러움보다 더 혹독한 시련은 불안한 미래가 어른거려 기쁘지 않았다.

자유가 없이 명령에 살고 명령에 죽던 국가의 의무, 짐에서 벗어났으니 다행이라고 격려를 보냈다. 내가 군 복무로 부재중이던 세월 동안 어떤 바위로 빈자리가 채워졌을까? 두 동생의 학업 지속은 어떻게 진행되고 있는지? 생계를 이어오는 동안 부채는 얼마나 불어났는지, 감당해야 할 멍에가 발등까지 내려오는 귀가는 걱정이 앞을 섰다.

집안 가세는 짐작대로 연로하신 어머님의 고달픔과 유달리 명석한 막내동생 삼호였다. 중학교 입학금을 끝내 마련하지 못해 진학을 포기한 못난 가족이 한심스러웠다. 때를 놓친 동생의 학업이 문제가 아니라 기대 이상으로 부채를 지고 있어 당장에 일자리가 더 다급했다.

첫 번째 일자리는 광주천 상류 방림동 천변 축대 쌓는 일자리가 있었다. 3개월 동안 8㎞ 현장까지 걸어 다니면서 작업복은 현장에서만 입었다. 방림동 석축 공사가 끝났다. 광주 현장은 추석 안에 끝나고 다음 일터로 구례 섬진강 호안공사 제방 석축 공사에

연필스케치(나목의 꿈)

일하게 되었다. 공사가 끝나면 다른 일자리를 찾아서 동가숙東家宿
서가식西家食이라는 직업이 현장 중노동기술자다. 금광기업은
15일한 일한 양만큼 임금을 준다. 그때마다 집으로 와서 어머니가
졌던 빚을 한군데씩 갚아 나갔다.

둘째 동생 근호는 반건달로 빈둥거리고 그 술값까지 갚아 갔다.
막내동생 삼호는 서울 큰 누나 집에서 자동차 서비스공장에
일을 다녔다. 작은누나는 매형이 장사하다 밑천마저 말아먹자
눈물이 밥이고 처갓집에서 애들은 거의 보냈다. 내 하루 일당이
5백 원이었다. 쌀 한 가마 3천 원 하던 시기에 한 달에 가족
식량 80kg의 쌀이 부족할 정도 준비 안 된 생활로 고달프게 했다.
어머니는 추석 쇠러 내려온 막내아들을 서울로 안 보내려고 작정
하셨다. 내가 벌어오니 굶지 않겠다는 생각을 하신 것 같았다.

막내는 나처럼 중노동을 안 시키려고 내종 고숙이 광주에서 양복점을 하고 있어 기술을 배우게 했다. 당시 양복점이 호황이 었던 시기라 군대 갈 때까지 양복 기술을 배웠다.

1968년 4월 예비군창설이 되자 전역자는 예비군에 편성되었고 20~40대까지 다양한 연령층의 예비군이었다. 나는 지역에서 선후배 관계로 소대장의 소임을 맡아 10년간 예비군 소대장으로 의무를 다했다. 예비군 소대장끼리 친목회 모임으로 33년간 돈독한 우애를 다졌다.

군 복무를 마치고 그동안 진 빚도 청산하자 어머니는 아무런 준비도 안 된 나의 결혼을 서둘기 시작했다. 당신의 연세가 많아 다급한 심정은 이해가 갔으나 자신이 없었다. 1969년 12월 이웃집 여사님 소개로 선을 봤다. 고생 모르고 자란 앳된 소녀 같은 아가씨는 귀엽고 순진하여 첫눈에 맘에 들었다. 내 형편이 어려워서 그렇지 과분한 아가씨라서 일 년쯤 사귀었다. 1970년 여름 데이트도 하고 점심과 영화도 보며 다음날 자전거 뒤에 태우고 포도밭에 가서 포도를 사 먹고 꿀 같은 시간을 보냈다.
이슬비에 옷 젖듯 정이 들었는데 막상 혼례 날짜를 잡자니 빈손인 나는 난감했다. 어색한 시간은 흘러가고 자신 없어 풀죽은 내가 한심스러웠다. 그렇다고 딱 잘라 거절할 명분은 더 없었다.
장인어른 될 분과 상견례를 하며 묻는 말씀에 답하는 식으로 시간을 보냈다. 혼례식장 말이 오가며 아버님 생존하시냐는 물음에 "아니요, 숙부님 계시냐? 그 대답도 아니요" 그 어른은 나를 향해 단명한 집안이로군! 하고 실망의 빛이 짙었다. 내가 장인 될 어른에게 딸 수 있는 점수란 성실성과 믿을 만하다는

초원에 누가 살까

조건뿐이었다. 재물이야 없으면 모으면 되고 건강한 젊음을 인정해 준 사윗감일 뿐이었다. 어린 나이에 아버지 여의고 물불 안 가리고 일해서 부모가 짊어진 빚 청산하는 성실성을 인정해주는 청년이었으나 가난이 죄였다. 그러나 고생은 젊어서 사서라도 한다는 옛, 말에 비중을 두어 어른 말씀에 덕을 본 것 같았다.
 장인어른께서는 결혼식은 예식장에서 하면 좋겠다고 하셨다. 내 계산속에 도저히 예식장과 혼사 비용은 준비가 안 되었다. 나도 현대식 예식을 멋있게 하고 싶었다. 집안의 전통을 내세우며 전통 혼례를 선호한다고 둘러댔다. 그 어른의 모습과 인품에서 돌아가신 선친과 닮은 선비 모습을 보았고 예의범절과 위엄을 느낄 수 있었다. 신부의 부모님도 맘에 들었다.

 1970년 12월 22일 눈이 푹신하게 쌓인 동짓날 햇살이 떠오르자 구름이 걷히고 단출하게 상빈으로 종외숙 최봉수 어른만 모셨다. 우인들과 사진 기사를 대동한 신랑 행차로 구식으로 신부, 집 마당에서 혼례식을 올렸다.
 세월이 가도 잊을 수 없는 친구의 축사였다. 결혼식에 빠져서는 안 되는 친구의 축사가 마당 채활 밑에서 낭랑하고 씩씩한 언변은 세월이 지나도 잊을 수가 없다.

축사

 세월은 무상하여 희망과 기대에 넘쳤던 경술년도 희미한 노을 속에 저물어 가고 삭풍이 몰아쳐 마지막 잎 새마저 안아가 버렸나 봅니다. 북으로부터 시작 되는 까~만 하늘은 이 대지 위에 하~얀 새 옷을 선사했고 밤하늘을 누비는 물새들의 행렬은 다정한 사랑의 속삭임과 함께 남으로, 남으로 이어지고 있습니다. 서기 어린 무등봉이 굽어 뵈는 성스럽고 복된 자리에 만장하신 하객 여러분을 대신해서 새 출발 하는 신랑 신부의 영원한 행복을 비는 축사를 올리게 됨은 바로 저의 영광이 아닐 수 없습니다.

신랑 "김흥호"군은 근면 성실함이 타의 모범이 돼 왔으며, 오늘의 가약을 맺으려고 꽃사슴을 만나기 위해 심산유곡을 불철주야 헤매는 사냥꾼의 심정으로 일관해 왔던 것입니다.
신부 "문정자" 양도 소녀의 푸른 꿈을 가슴속에 잉태하면서 한 송이 백합처럼 순결을 지키며 오늘 천상배필과 백년가약을 맺는 성스러운 날입니다.

옛 말씀에 수신제가修身齊家에 치국평천하治國平天下란 말이 있습니다. 먼저 자기 몸을 닦아야만 가정을 꾸밀 수 있고 가정이 확고히 선 후에라야 나라를 다스리고 만백성을 구한다는 말이지요. 이제 두 분은 가정을 갖기 위한 새 출발이 시작되었고 알뜰하며 다감한 내조 위에 부부체제가 확립되어 내일의 행복과 영광을 쟁취하기 위한 신고辛苦를 이겨내야 할 것입니다.

이 자리를 빌려 한 마디 밝혀두고 싶은 말이 있습니다. 아내는 젊어서는 연인이요 나이 들어 장년이 되면 친구가 되고 동료가 되며 늙어지면 유모와 보모가 된다는 것입니다. 오직 남편이 뜻하는 바를 잘 받들어 항상 힘과 용기를 북돋아 주는 사랑의 샘터가 되라는 교훈임에 틀림없을 것입니다.

저는 이런 말을 자주 듣고 있습니다. 여자는 남자의 마음에 고향이라 한 것은 힘들고 역경에 부딪혀도 믿음으로 감싸주는 모성애 같은 사랑의 힘이 남자가 일어서는 용기의 힘입니다. 이점을 숙지하시어 현모양처로서 손색이 없는 신부가 되어주시리라 믿어 의심치 않습니다. 오늘의 이 자랑스럽고 복된 자리가 영원한 행복을 기약하는 시발점으로 연결되기를 기원하며 이상 축사로 가름합니다.

1970년 12월 22일
우인대표 김 순 호 배상

　남편 하나를 믿고 신혼살림을 풀어 놓았으나 가난의 찬바람이 집안 샅샅이 휩쓸고 지나다녔다. 결혼을 아무리 약소하게 한다 해도 나는 약간의 빚을 졌다.

　남동생 결혼식에 오신 큰 누나 내외분이 보름 동안 계셨다. 사촌 누이 혼례가 있어 참석하시고 갈 요량인 것 같았으나 누나는 기력이 없어 보였다. 누나는 아내인 올케에게 어렵더라도 노력하고 건강하면 행복할 것이라고 따뜻한 격려를 해주셨다. 그 말씀이 처음이자 마지막 말씀이 될 줄이야!
　내가 첫 휴가를 올 때 누나 집에서 전방에서 입고 온 헐렁한 군복 바지도 줄여주시고 어려운 형편에 허리춤에서 꼬깃한 오백원을 여비로 주신 누님! 집에 오면 어머님께 큰누나 안부를 전하고 귀대할 때는 어머니 안부를 전하며 들렸던 큰누나 집이었다. 제대하면서 큰누나 집에 들른 적이 있었다. 어렵게 사는 집에 막내동생이 빌붙어 있었다.
　내가 일 년만 일찍 제대했어도 막내동생 삼호를 중학교에 보냈을 텐데 거기까지가 우리의 한계였고 영민한 동생에게 못 해준 형으로서 평생 후회였다. 연로하시고 능력 없는 노모는 막내의 중학교 보낸다는 것은 불가능이었다. 목구멍에 풀칠도 어려운데 동생 학자금은 어불성설이었다.

　신행길 왕래하고 음력 설날이 임박하여 분주하게 보냈다. 작년에 근호 동생이 축구하다 골절을 입어 입영 연기를 두 번 하고 12월 초 3번째 입영 통지가 나왔다. 입영 연기할 때마다 택시로 데려다 주었는데 막상 입영할 때는 내가 결혼식을 며칠 앞둔 상태라 제수씨 될 분이 동행하였는데 입대하였다. 입대는 생각하지 않고 또 연기되겠지 했는데 너무 서운하고 못내 마음에 걸렸다. 잘 다녀오란 격려 한 마디 못 해주고 동생의 빈자리를 보고 부족한 형은 눈물로 대신했다.

　빈손으로 시작한 신혼생활은 고생을 모르고 자란 천진한 신부는 밝은 표정으로 가난한 시집살이를 잘해나갔다. 한 가지 조건도 갖추지 못한 시모와 시동생의 조카들까지 인내하며 대가족을 보살폈다. 단 한 마디 불평 없이 살아주어 고맙고 사랑스러웠으나 겉으로 내색할 수 없고 신랑이 현장에 일을 나가면 한 달에 한두 번 밤늦게 왔다 새벽에 쫓기듯 일터로 나가는 신혼생활이었다.
　현장 일이 없으면 농사일을 하고 쉴 틈 없이 뛰어도 모아진 것은 없다. 작은 누나 가족 오 남매가 기대고 살고 있었고 한 달에 쌀 80kg이 부족해서 아내는 끼니를 굶을 때가 있었다고 한다.

　1972년 7월 20일 장남 연용이를 출산했고 어머니에게 대를 이을 첫 손자를 안겨드렸다. 며느리가 있어 살림 걱정 안 하시고 편안한 노후를 보내시게 되었다. 아내는 어머니 생신날 동네잔치를 벌려 기쁘게 해드렸다. 동네 삼거리에 있는 우리 집 마당에는 동향으로 햇볕이 따뜻하여 이웃집 사람들의 마음 편한 놀이터가 되어 풍물 마당과 이웃 간에 시시때때로 모여 명절 같았다. 음식이 있으면 가져와 서로 나누고 화목의 장소로 어머님의 노후는 마냥 행복하셨다. 며느리 심성이 고와 누구에게나 따뜻하게 잘하는 덕이라고 사람들 칭송이 자자했다. 일가가 자자일촌의 우애도 돈독하여 모처럼 사람 사는 훈김이 나곤 했다.

  집에는 항상 손님이 많았고 친지들의 모임을 자주 가져도 아내는 불평 없이 잘 적응해줘 가정이 편안하여 고된 일도 마음 편히 내가 일을 할 수 있었다.

연필스케치(고요한 설경)

自敍傳

제05장
아내에게 지워준 집

사랑을 심고
희망을 심고
푸른 꿈 꾸었을 텐데
야속한 삶이여!

5. 아내에게 지워준 짐

조부님 기일 날 큰누나가 운명하셨다는 갑작스런 비보를 받았다. 어머님께는 서울에 잠시 볼일이 있다는 핑계를 댔고 누나의 사망을 비밀에 부쳤다. 작은누나와 아내만 알기로 하고 하늘이 무너지는 절망과 한탄을 안고 상경했다.

영등포역에 새벽 4시에 도착하여 택시로 마포구 망원동 누나 집 마당에는 채활이 쳐져 있었다. 매형은 입관 전인 생전의 누나 모습을 보여주었다. 1남 7녀와 한 살 된 어린 딸을 두고 심장마비로 쓰러지셨다. 핏기없는 누나의 착하고 선한 모습이 8남매를 두고 42세에 눈을 어찌 감고 싶었을까? 무심한 육신은 말이 없고 싸늘한 체온이 이승과 저승의 갈림길이 원망스러워 통곡해도 대답이 없었다.

김포공원묘지에 안장하고 삼우제 날 매형 사촌 동생이 자리를 비켜달라고 했다. 매형과 매형 사촌 동생은 누나가 죽기라도 기다린 양 도둑보다도 빠르게 누나의 자리를 메꿀 여자를 상의했다. 산 사람은 살아야 했다. 매형은 비정하리만큼 혼령의 그림자가 떠나지도 않았는데 재혼을 거론했다. 너무도 야속하고 누나가 불쌍하지만, 여자 없이 줄줄이 딸린 자식들 양육하는 것도 현실

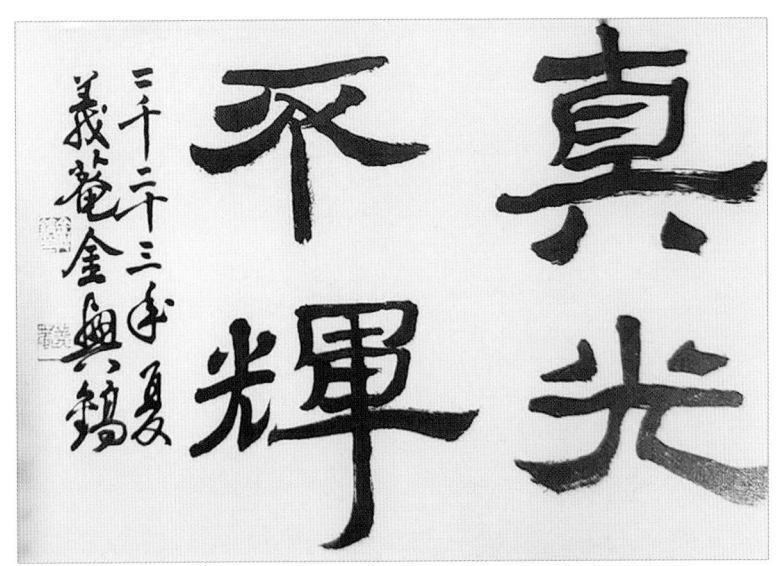

광주광역시 미술대전 추천작가

이었다. 냉정히 생각할 때 매형 인생은 자신의 문제였다.

다만 어린 조카들이 새엄마가 들어와 어떻게 보살펴 줄지 조카들의 장래가 안쓰러워 발길이 떨어지질 않았다. 무거운 발걸음으로 돌아왔지만 내가 할 수 있는 일은 아무것도 없이 마음만 쓰라렸다.

누나와 생전에 있었던 일이 만감이 교차하였다. 누나는 장성군 남면 평산리로 출가를 하셨다. 시아버지는 장성군 내 오일장을 돌며 잡화상을 하셨는데 한 번은 장성군 비아면 장날 상점을 찾아갔다. 사돈어른은 나에게 떡을 사주셨는데 그 떡이 얼마나 맛이 있었던지 잊을 수가 없었다. 육십 리 길이 족히 된 누나 집을 가끔 찾아가곤 했는데 지나치는 마을마다 또래 애들이 길을 가로막고 폭력을 쓰면 줄행랑을 쳤어도 누나가 보고 싶어서 가끔

아침 햇살

찾아가곤 했다.

　누나 시댁 어른이 갑자기 돌연사하시고 매형은 가업을 이을 생각으로 군대 기피를 하면서 장사를 시작했다. 1950년대 공작실로 짠 스웨터가 고가품이었다. 그 장사도 실패하고 가족이 서울로 이사를 했다. 누나의 제2의 고생이 시작되었다. 시골에서 농사지을 때는 의식 걱정은 안 하셨다. 사돈어른이 계실 때는 일은 고됐어도 살림은 넉넉했고 남부럽지 않았는데 사돈어른 작고하시고 매형이 장사에 실패하면서 밑바닥 생활을 하면서 누나의 피눈물이었다. 누나는 대가족의 맏며느리로 그 역할까지 해내며 어린 자식 줄줄이 태어나 고생만 하다가 눈을 감았을 인생이 가여워서 내려 오는 열차 안에서 토끼 눈처럼 붉게 물들어 유리창만 고개가 아프도록 밖을 내다보았다.

　누나의 사랑은 어머니보다 알뜰하고 따뜻했다. 초등학교 졸업하고 아버지가 써주신 서신 한 장 들고 마포구 합정동 누나 집에 찾아갔을 때 한강이 보이는 무허가 집, 동생이 무엇 때문에 왔는지 아버지 서신을 읽지 않아도 알일, 그때 누나의 처지를 한탄하셨는지 한숨만 내 쉬었다. 운동화 한 켤레 동생 발에 신어 보낸 아픈 마음이 더 절여왔으나 내 집으로 꾸역꾸역 돌아왔다. 기왕이면 서울에서 살아볼까 하고 갔었지만 기댈 형편이 못되었다.

　군대 휴가를 오가며 누나 조금만 기다려 내가 돈 벌어 예쁜 옷과 맛있는 음식도 대접하려고 마음속으로 다짐했건만 보은할 기회를 주지 않았다. 나와 열한 살 터울이었다. 나이 차이도 동떨어져서 엄마처럼 기댄 누나였다. 많은 동기간을 잃은 아픔이 컸기에 나에게 희망과 사랑이 각별했다.

일년 후 소상에 갔더니 매형은 재혼하였다. 낯선 그 여자가 많은 전처 자식을 어찌 건수하며 사는지 궁금하였으나 누나의 빈자리가 아파 적어두었던 내 마음의 글이다.

보름달 같은 누나 얼굴
천사 같은 마음
칠 공주에 공자 하나
사랑을 심고 희망으로
푸른 꿈 꾸었을 텐데
어린 자식 눈망울을 어찌 잊으리오.

야속한 운명이여!
당신에게 받은
정 한 다발마저 내려놓을 곳도 없어라.

아버님 생전에 어린 6남매들이 떠나고 5남매 중 4남매만 남았다. 슬픔을 안고 귀가하여 일터로 나가야 했다.

둘째 동생 근호가 제대했다. 사귀는 여자가 있어서 서둘러 결혼식을 올려주고 옆집을 얻어 분가를 시켜주었다. 동생은 결혼도 하고 남매를 얻었으니 열심히 일해도 부족할 판에 빈둥 거리다 어느 날 처가 동네로 이사 가겠다고 해서 극구 말렸다. 처가살이 생활을 고집하고 동생은 형의 말을 끝내 듣지 않았다. 아들이 걱정된 어머님만 가끔 참기름 찹쌀 등을 가져다주었다. 여유가

모란

없는 살림에도 아내가 어머님 마음을 헤아려 동기간 정을 나누자 집안은 평안했다. 그 평안도 잠시 동생은 처가 집에서 3년 만에 빈털터리로 돌아왔다. 이웃에 방을 얻어주어 둥지를 틀게 하였다.

1974년 9월 19일 맏딸 진희가 태어났고 1977년 2월 3일 차남 택용이가 태어났다. 동생 가족도 1976년 7월 15일 차남 연업이를 낳았다. 다섯 식구로 불어났다. 제수씨가 일자리를 구해 집을 나서면 조카들 3남매까지 아내 몫이 되어 가사 일까지 도와 주게 되었다. 애들 식사 챙기랴 세탁에 방마다 연탄불 살피랴 중노동이었고 산후조리는 고사하고 집안은 유아원이나 다를 바가 없었다. 거기다 칠십이 넘은 고령의 노모 수발과 수시로 드나드는 종가 인척들까지 내가 없는 빈자리를 공사장에서 들어 날린 바위 보다 무거운 짐을 지고 아내는 견디어 온 것이다.

동생은 막내를 데리고 1980년 남매를 남겨두고 말 한마디 없이 서울로 떠나버렸다. 동생이 남겨두고 간 조카들은 자라서 초등학생이 하루에도 기본으로 옷 두 벌은 버리고 오만 개구쟁이 짓 다 해서 아내는 무척 애를 먹였으나 자기 자식보다 조카들이 우선이었다. 거두고 보살핀 보람도 없이 인복 없는 자신이 허탈감이 지어준 멍에가 부끄러웠고 아내가 입은 마음에 상처의 골은 생각보다 너무 깊었다.

1979년 12월 아내가 건강이 안 좋아졌다. 몸이 극도로 쇠약해져 치료 기간이 길어지고 차도의 기미가 보이질 않고 병색이 깊어졌다. 아내가 몸이 가누지 못할 만큼 쇠약해지고 몇 달을 잠을 못 자는 불면증세로 심신이 고갈되어 간 줄을 모르고 나의 어리석음, 음식을 거부하고 스트레스로 잇몸이 염증을 부르자

치아마저 부실하였고 허약해진 몸은 종합병원이 되었다. 아내가 얼마나 심신이 힘들고 고생스러웠는지 내면을 배려하지 못한 무심함이 둑이 무너지는 고통의 현실이 조여 왔다. 아내는 남에게 싫다는 소리를 듣지 않으려고 참고 몸으로 때우면서 인고의 세월을 버티다 자기 몸이 한계에 오고야 만 것이다. 노모에게 며느리 노릇, 남편에게 아내의 몫을 불편과 원망 없이 참고 버티다가 자신의 심신과 시동생이 준 마음의 상처로 무너진 것이었다.

아내는 산후조리를 정성스럽게 다시 한번 몸이 좋아진다는 주변의 말에 공감이 갔던지 4년 만에 아이 하나를 더 갖기로 한 정성이 응답을 해줬다. 1981년 2월 16일 막내아들 택천이를 얻었다. 어머님의 기쁨은 매우 크셨다. 아내는 산후조리를 잘해보려고 관심을 가졌지만 내가 할 일이 없었다. 모성애의 힘으로 잘 헤쳐가다 보면 좋아지리라고 믿었다. 아이가 있어서인지 몸이 좋아진 듯했다. 그러나 고된 산모의 고통은 4남매와 조카들까지 돌보는 가중치에 가사노동은 더 힘들게 만든 결과를 초래했다.

아내는 병원 출입이 빈번했다. 아내에게 준 인간의 고통의 배신감이나 허탈감을 주었을지 가슴에 담고 사는 아내의 상실감이 컸으리라, 단 한 번이라도 아내 처지에서 내가 생각해 보았다면? 내색도 못 하고 참고 인내해 온 심정이 당사자인 아내도 미련스럽고 무심한 나 자신도 미웠다. 내가 형제의 박복함으로 아내에게 미치는 허탈감은 나 자신도 미워 용서 안 되어서 분노가 치밀었다.

아내를 어떻게든 살려보겠다고 병원치료와 정신적인 안정을 찾으려고 교회를 찾게 되었다. 깊을 대로 깊어진 마음의 상처를 신앙의 힘으로 의지하며 위로받고 용기를 심어주려는 방편이었다.

원래 유교의 뿌리가 깊은 내가 하루아침에 종교가 바뀐다는 기대를 하지 않았으나 아내가 나아만 진다면 불 속이라도 뛰어들 각오와 신념이었다.

집 가까운 구세군교회를 아내를 데리고 새벽기도를 열심히 하며 기도 말씀의 안정감을 심어주셨다. 백일기도 올리기로 약속하고 일심으로 기도에 매달렸으나 하느님께 나의 정성과 간절함이 부족했던지 기도에 응답이 없었다. 나의 기도에 응답이 없는 게 아닌가? 나는 성도가 될 자격이 없는가? 회의가 들기도 했다.

이런 와중에 경주김씨청송공종회, 청계공종회 총무이사 짐이 맡겨졌다. 종중에서는 개인적으로 내가 처한 가정 현실과 막 벌어서 먹고사는 형편을 이해하지도 않고 공감하지도 않았다. 문흥동에 종중 임야나 전답의 산재된 여러 필지의 법적 처리의 당면문제가 발등에 떨어진 불이나 반대할 수 없는 시급한 실정이었다.

하루에도 빠짐없이 새벽 3시에 일어나 두 손 모으며 기도에 매달린 우리 부부는 교회에서 차별을 주는 느낌을 받았다. 교회 신축을 하면서 자금이 필요했다. 헌금을 많이 낸 신도와 그렇지 못한 신도들과의 차별이 눈에 띄게 들어냈다. 구세군 신도들은 환경이 열악하여 신축헌금을 넉넉히 낼 형편이 안 되는 신자들이 대부분이었다.

신앙의 목적은 믿음과 소망이라고 믿고 교회에 다녔고 어언 10년 교회 측의 요구로 부족한 건축공사비가 급하다면서 신용금고에서 대출을 받아야 하는 데 연대보증이 되어주라는 부탁을 해왔다. 화정동 목사님과 본 교회 집사님 나 3인이 보증을 서고 금 3백만 원을 대출받았다. 교회 사정이 안 좋아 이자 상환도 못 했다. 우리 집으로 가압류가 들어왔다. 화정동 목사와 집사는 재산을 은닉(명의변경)하여 미꾸라지처럼 빠져나가 나에게 독박을 씌워놓고 책임에서 빠져버렸다.

그 빚은 울며 겨자 먹기로 실오라기라도 잡고 싶은 사람에게 하느님을 팔아서 내게 짐을 지우고 뒷짐 진 무책임한 교회, 믿음과 희망에서 약속은 공염불로 연체이자만 늘어갔다. 아픈 아내와 4남매를 둔 가장은 동생이 맡겨두고 간 조카와 팔순을 앞둔 노모가 어른거려 죽을 수도 좌절할 권리도 없었다. 나 하나만을 바라보고 있는 가장의 무게였다. 일 년에 한두 번은 장기간 입원해야 하는 아내의 건강과 재정적인 부담이 힘든 위기는 분노와 좌절에서 또 한 번 세상을 자신을 한탄했다.

나는 냉정하고 원칙이 없는 세상에서 뼈가 부서지는 고생을 감내하며 불어난 채무를 결국은 내가 대신 갚았다. 종교를 핑계 삼아 영혼을 파괴시키는 파렴치한들이 준 교훈도 얻었다. 그러나 하늘은 나에게 고통을 이겨낼 만큼 준다는 것도 깨달았다. 내게 짐이 되고 힘들다고 생각했던 가족이 있었기에 버티고 헤쳐 나올 수 있었다. 낮에는 현장에서 일하고 밤에는 아내의 입원실에 들리면 위로 차 기다려주는 순호 형님과 학호 형님의 따뜻한 위로는 퇴원할 때까지 하루도 빼지 않고 술잔을 나누며 해준 위로와 격려는 큰 힘이 되었다. 자정이 가까워서야 집에 돌아오면 노모가 근심·걱정으로 잠을 못 이루시고 기다리고 계셔서 불효하고 있다는 생각에 목이 메었다.

아내가 병원에 입원하면 도시락을 싸는 아이들이 걱정이나 어머님의 도움을 받을 수 없어 겨우 계란 후라이로 도시락을 싸놓고 현장으로 출근했다. 아이들 학용품과 용돈은 저녁에 청구하도록 가르쳤고 그 규칙은 아이들이 대학교 졸업까지 이어졌다. 아이들이 학교로 등교하는 모습도 돌아오는 모습도 보지 못했지만, 책상 위에 놓인 가방을 보고 아내가 건강을 되찾고 자식들이 내가 못 써본 사각모를 꼭 보고 싶었다.

아내의 병상 생활이 길어지고 있는데 서울 사시는 종형님 내외분이 법사와 무당을 데려와 숙모님 집에서 굿판을 벌여놓고 나를 기다리고 있었다. 무당은 대나무 가지를 흔들며 춤을 추고 있었다. 종형님은 나더러 할아버지께 절을 하라고 한다. 나는 지금 피가 멈출 듯한 상황인데 할아버지 영혼이라면 나하고 대화 좀 합시다. 그랬더니 무당이 동동거리며 춤을 추다가 털썩 주저앉으며 고집 센 사람이 왔구만, 내가 조상님께 숭조정신으로 바친 공이 얼마인데 나를 힘들게 할 리가 있겠는가? 종형님은 나를 달래며 할아버지께 노여움을 풀어드리고 절을 하라고 하신다. 형님은 형수님 뜻대로 굿을 하시고 나는 내 주관대로 하겠습니다 했다. (종형님 내외분이 건강이 안 좋으셔 굿을 함)

굿판은 깨지고 내가 더 있을 자리가 아니어서 집으로 돌아왔다. 무당 입에서는 저주가 쏟아져 나와, 이 집안에 보름 안에 사람이 죽어 나가는 통곡 소리가 들릴 것이란 악담을 했다고 한다. 나이 드신 어른들은 미신을 믿기에 나에 대한 비난 소리도 있었다. 그때 무당은 15일 안에 통곡 소리가 난다고 악담을 했다는데 45년이 지나 나는 82세 아내는 77세가 되었다. 무당의 입이 치료가 된다면 병원 문 다 닫아야 할 것 아닌가?

막내동생 삼호가 계림동에다 양복점 개업을 했다. 동생이 저축한 돈은 일백오십만 원이라며 형을 바라본다. 마치 형이 은행 금고라도 지닌 것처럼 당장에 준비된 현찰이 없으니 막막했으나 아내가 시집와서 적금을 들었다며 백만 원을 보태라고 내놓았다.

가게 보증금 일백오십만 원 집기류 오픈 비용을 아픈 아내가 다해주었다. 자립을 할 수 있으니 오진 마음이 앞서 기뻤다. 당시 양복 경기가 호황이라 양복점은 잘 되어갔다.

막내동생 삼호는 결혼할 아가씨가 소개로 데이트하고 진전이 있어 약혼식을 하였고 그 예물은 형인 내가 다 해주었다. 순조롭게 출발을 하고 있는 듯 보였으나 파혼하겠다고 우기는 바람에 파혼을 주장한 남자 책임이라 그 손해는 형의 책임으로 돌아왔다. 아가씨는 파혼을 반대했으나 동생은 끝내 파혼을 강행했다. 약혼 예물 반지와 목걸이, 약혼식 때 비용은 버거웠으나 또 내 몫으로 또다시 큰 부담을 형에게 지어주었다.

양복점은 손님과 친구들로 북적거려 일감은 넉넉하여 순조롭게 잘 되어갔다. 동생 삼호는 소개팅으로 데이트하던 날 밤, 도둑이 들어 양복 원단을 몽땅 도둑맞는 시련을 맞았다. 그 천 값 일백오십만 원을 빚을 얻어 채워주었다.

사십삼 년이 지난 2019년 가을 조부님 선산 일을 하고 오는 길에 입을 열었다. 양복점 개업하고 얼마 안 되어 양복천 도난사건 아주 가까운 친척 소행이었다고, 죽음을 예고했던가, 이듬해 6월 7일 운명했다. 얼마나 상처가 컸을까? 친척 간에 의를 상하지 않으려고 군자의 마음이었을까? 그 어려운 새 출발에 몽땅 털어갔으니 가까운 적이 제일 무섭다는 옛말이 생각난다. 형은 노파심에서 유행에 뒤지지 말고 디자인도 연구하고 고객관리에 최선을 다하라고 일렀으나 친구들과 가게에서 어울리는 시간이 많아졌다.

군대 가기 전에는 모범 청년이었으나 해병대 군 복무를 마치고 와서 성격 변화로 늘 불안했다. 서방파 깡패들이 활개를 치던 때라 시비가 잦아 항상 살얼음판이었다.

　데이트하는 아가씨와 순조롭게 진행되어 결혼 일자를 받았다. 신부 될 사람은 "인동 장인숙". 광명예식장에서 혼례식을 올렸다. 예식장 비용이며 식대 비용까지 기분은 동생이 내고 부담은 형이 했다. 이제 가정도 가졌으니 양복도 유행에 민감하여 노력할 줄 알았다.

　친구란 잘 나갈 때는 모여들지만 어려움이 닥치면 진실한 친구가 하나만 있어도 성공한 인생이라고 한다. 친구들과 어울리다 결국 본업에 태만하여 타성에 물들어 올 때 노를 저으라는 세상의 이치를 무시한 것이다. 시대의 흐름에 따라 양복 맞춤도 기성복에 밀리는 사양길에 접어들었다.

　갈수록 맞춤옷에 고객의 관심이 시들어진 사이 서서히 주식에 손대어 일확천금을 노리는 한탕주의에 빠져들었다. 주식도 도박성에 가까워 개미들 차지는 콩고물 정도. 그나마 가진 것 주식에 다 쏟아 넣고 다급하면 형을 찾아와 사업자금이 필요하다며 집을 담보로 대출을 받아주라고 통사정이다. 사정에 못 이겨 융통해 주면 주식에 다 털어 넣고 밑 빠진 독에 물 붓기다. 그것도 한두 번이지 네 형편에 한계가 있다. 마이너스통장을 만들어 달라고 해서 거절했더니 울고 가는 뒷모습이 애처롭지만 나까지 길바닥에 나 앉을 수 없었다.

　내 자식 4남매가 대학교 고등학교 중학교 재학 중인데 동생은 주식에 빠져나오지 못하고 헤매고 있었다. 훗날 딸한테 들은 얘기지만 동생은 큰애(연용) 회사를 찾아가 포장마차라도 해서 재기하려고 한다고 손을 내밀어 천만 원을 빌려 가 주식에 털어 넣었다. 지금까지도 아들은 입을 다물고 있다. 부모님 심려 끼쳐 드리지 않으려고.

　손바닥 치고 나니 반겨주는 사람 있겠는가? 산에 다니면서 산약초 공부하다가 제수씨가 세탁소를 차려주었는데 두 달도 못하고 보증금 받아 주식에 털어 넣고 탈탈 빈주먹 결국, 제수씨와 이혼하고 인생 낙오자로 전락하고 말았다.
　우리 삼 형제 중 제일 머리 좋고 똑똑했는데 좋은 머리가 잘못된 길로 빠져 헤어나지 못하고 인생을 망쳤다. 공부를 못해 꿈을 꾸지 못하고 자포자기하며 살아온 삶, 비운을 딛고 굳건하게 나가 보지 않고 주위에 짐만 남기고 떠나면서 말 한마디 없이 훌쩍 떠나갔느냐? 이제 하늘나라 먼저 갔으니 공부 많이 해서 원대한 꿈을 펼쳐라.
　막내동생 삼호의 딸 둘은 결혼해서 잘 살고, 막내아들 택교는 서울예술종합대학교를 졸업하고 무명 연예인으로 활동하고 있다.
　인생사가 어디 자기 뜻대로 되는가? 나의 분수를 알고 성실하게 일하며 가족을 지키며 가장으로 살아가는 것이 첫 번째 사람 구실이다.

　나는 마지막 동생까지 애절하게 세상을 떠나자 조각배에 혼자 남아 석양에 넘어가는 해를 바라보았다. 조상님의 덕이 없으면 폭풍을 헤쳐 가는 지혜라도 주시지 이리도 매정하십니까! 부모님은 11남매를 두었으나 풍진세상 결국 나 하나만 남겨두고 다 데려갔습니다. 조상에 덕은커녕 형제 덕도 쥐뿔만큼도 없이 주위에서 가슴에 못만 박고 떠나들 갔다. 인생의 운명은 복이 한정이요, 자기 숙명대로 살아 낸 것이라 겸허하게 받아들였다.

　다행인 것은 둘째 동생이 세상을 떠난 후 조카 형제들은 열심히 살아 성실하게 가업을 이뤘다. 성공한 조카가 초등학교 다닐 적에 하라는 공부는 뒷전이고 흙바닥인지, 방인지 구분 못 하고 큰엄마 속을 썩인 조카였다. 사람은 열두 번 된다는 어른 말씀이 맞다. 어린 시절 큰집에 맡겨져 천방지축 나댄 아이가 어엿한 사업가로 성실하게 잘 살아간다. 그 조카는 철없던 기억을 잊지 않았던지 아버지 성묘 오면 큰아버지 큰엄마 손에 용돈을 내놓으며 잊지 않는다며 웃는단다.

自敍傳

제06장
청송공파종회 종사의 임무

바람결에 비 젖은 소나무처럼
조용히 지난날 더듬어보네
세월은 화살처럼 비켜 가고
내 소망대로 결실을 맺어
허허실실 다 부려 놓고
건실한 후손들
숭조정신 부끄러움 없기를…….

6. 청송공파종회 종사의 임무

　1981년 10월 15일 청송공 휘 준술 세일사에 참석한 계기가 되어 내 나이 36살 한창나이에 종문 문턱에 들어섰다. 청송공 묘전에 종인들이 모여서 임시 회의를 열고 종회구성의 필요성을 공감하였다. 그 자리에서 만장일치로 종회장에 김일환 회장 선출되셨고, 부회장에 김성규 선출되셨다.
　나는 인생사에 고난이 겹치는 해, 총무에 김흥호로 결정되었다. 그때 세일사에 참석하여 총무와 가사일과 아내 병상으로 벅찬 임무였다. 그 종문의 임무가 팔순이 넘도록 종사의 멍에를 짊어져 아직도 벗어나지 못하고 회상하며 이 글을 쓰고 있다.

　청송공종회의 전 재무 김병규 씨에게 출납 장부를 인계받았다. 잔고 없는 출납 장부였다. 위토세 받아 세일사와 재산세 내고 나면 빈손이다. 종중에 자금이 없으니 종사 일에 매달린 임원에게 따로 업무추진비 없이 봉사해야 했다. 총무의 할 일이 태산처럼 쌓여 있었다. 모든 종중재산은 돌아가신 종인 개인명으로 신탁되어 있었다. 종회가 구성되었으니 종규도 있어야 하고 회의록도 비치해야 하고 종인들 소통의 자리도 만들어야 했다.
　종규宗規는 일환 회장님이 작성하셨다. 일환 회장님, 성규

함평 선산 세장비

부회장님, 흥호 총무가 운계공종회 김기상 어른댁을 방문하였다. 청송공종회 구성을 말씀드리고 종회발전과 소통하며 왕래하고 싶다는 취지를 말씀드렸다.

그 어른은 나의 선친을 묻기에 '주'자 '성'자 아들이라고 했다. 선친과 동갑이신데 선친이 생일이 빨라 형님 되신다고 하셨다. 정유대동보를 편찬하실 때 자주 왕래하며 가깝게 지내셨다고 회고하셨다.

양반댁의 주안상은 미리 봐두고 손님을 맞이하는 듯하였다. 아버님은 살아생전 하남에 다녀오시면 손님을 대하는 예법을 늘 강조하셨다. 당시 하남은 교통이 불편하여 송정리역에서 택시를 이용하거나 걸어서 왕래를 해야 했다. 기상 어른의 자제 봉호 형님은 유복한 가정과 평화로운 환경이 부러웠다.

■ 명의신탁해지건

1. 1982년 12월 22일 광주지방법원 판결
- 광주광역시 북구 문흥동 산121의1 임야 5,130평(1정7단1무보)
- 명의신탁 : 김기철, 김치호, 김병규
- 등기이전 : 경주김씨청송공파 휘 준술종회

2. 1982년 12월 24일 광주지방법원 제2민사부 판결
- 광주시 북구 문흥동 121의 2 임야 450평(1단5무보)
- 광주시 북구 문흥동 121의 3 임야 420평(1단4,3무보)
- 광주시 북구 문흥동 121의 4 임야 90평(3무보)
- 명의신탁 : 김내문, 김찬흥, 김동섭, 김학열, 김명환
- 등기이전 : 경주김씨청송공파 휘 준술종회

3. 1982년 12월 28일 광주지방법원 판결
- 광주시 북구 문흥동 산264의3 임야 60평 (2무보)
- 명의신탁 : 김판암, 김복동, 김규호
- 등기이전 : 경주김씨청송공파 휘 준술종회

4. 1983년 3월 3일 광주지방법원 판결
- 광주시 북구 장등동 산 60의2 임야 120평(4무보)
- 명의신탁 : 정오두리, 김치호
- 등기이전 : 경주김씨청송공파 휘 준술종회

5. 1984년 2월 21일 광주지방법원 판결
- 광주시 부구 문흥동 669번지 임야 1,370평(토지대장 임야

3,560㎡)
- 명의신탁 : 김주성, 김주영, 김질우, 김의순
- 등기이전 : 경주김씨청계공파 휘 항경종회

　법원에 서른여섯 번 출석해서 기나긴 행정소송을 했다. 개인 명의로 된 명의신탁을 종중으로 이전등기 절차를 마치고 김일환 회장님 김성규 부회장님 김흥호 총무가 허름한 대포집에서 막걸리 한 잔으로 자축하는 기분이었다. 3년 동안 등기소 법무사를 왕래하면서 피 말리며 고생할 때 무관심하던 분이 회장님을 의심하여 고소하겠다고 소란을 피워 종중으로 나온 등기를 보여 주며 일단락 되었지만, 두고두고 가슴에 남는다. 김일환 회장님께는 그 일을 숨기고 말씀 안 드렸다. 회장님이 아시면 얼마나 낙심하시겠는가? 변호사 선임할 형편이 안 되어 법정에서 순서를 기다리며 마음 졸이던 순간들 그 난제를 해결하시고 건강이 나빠져 1984년 10월에 작고하셨다. 문중에 별이 떨어진 슬픔은 하늘이 무너지는 것 같았다.

　　하늘에 인재가 부족해
　　오십 대 초반에 부름을 받았을까
　　이승에 할 일도 태산인데
　　아~ 슬프도다!
　　무거운 멍에 벗어버리시고
　　고이 잠드소서.

　그 슬픔이 가시기도 전에 소유권이전등기 소송이 들어왔다. 긴급 임시총회를 소집하여 소유권 이전 절차 건을 설명하고 적법한 매매행위가 아니므로 원고 측 소송을 봐가면서 대응하기로 했다.

- 1985년 7월 15일 광주지방법원 가처분 결정
- 1986년 10월 16일 광주지방법원 제4민사부 승소
- 1987년 12월 29일 광주고등법원 패소 판결
- 1989년 2월 2일 대법원 제2부 파기환송
- 1989년 11월 23일 광주고등법원 제2민사부 승소 판결

1982년부터 지루한 7년간 투쟁 끝에 내 고단한 일상은 생업을 멈추게 했고 5백 여일을 종중 재판에 임했다. 아픈 아내와 어린 자식들에게 미안하고 노모님께 불효했다. 이러지도 저러지도 못하는 삶이 너무 팍팍하면 아버님 산소를 찾아가 울기도 하였다.

법정 문제가 끝나자 1991년 문흥동 도시개발사업 지정으로 선산 이전이 또다시 큰 문제였다. 선산이란 짐을 옮기듯 간단한 것이 아니라 묫자리 안택을 봐야 하기에 이 산 저 산으로 헤매고 답사하는 것이 보통 일이 아니었다. 어중이 떠중이 부동산 중개인은 파리떼처럼 달라붙고 먹이 사슬에 장단 맞추는 종중의 이해타산 꼴이 차마 목불인견이었다. 평소에 무관심하던 종인들이 숟가락 하나 올려놓고 자기 공이라 과신하려는 속 보이는 사람 들과 자기 의견이 안 먹히면 비방하고 차라리 타인만도 못하는 종인이 역겨울 때도 있었다. 주변으로부터 신망이 있던 풍수에게 선산구입을 부탁했더니 함평군 학교면 죽정리 임야 8,800평을 우여곡절 끝에 매입하였다. 조상이 남겨준 유산에 눈에 쌍심지를 켜고 발길이 잦다가 어려운 일에는 뒷짐을 지고 트집만 잡는 인사들이 열심히

청송공, 군자감정공, 판결사공, 의병장

일하는 사람들을 몇 배 힘들게 했다.

　1991년 토지개발공사에서 토지보상금을 받아 선산 조성작업에 들어갔다. 함평군청에서 묘지 허가(300평)를 받아 측량하고, 묘지 조성설계도 직접하고 포크레인으로 청송공 휘 준술 할아버지 분묘墳墓 천광穿壙을 파는데 복이 많았던지 돌산에 황토가 나와 명당이라고 기뻐했다. 풍수가가 자리를 비운 사이 포크레인 기사에게 조금 더 파보자고 했다. 그 자리에서 계란색의 누런 황토가 나왔다. 풍수가 자기 말을 듣지 않고 천광을 판 기사에게 버럭 화를 냈으나 빛깔 좋은 황토색을 보고 천하 명토라며 환희에 찬 얼굴로 기뻐했다. 천광자리에 명토가 나온 사실은 기사와 지관과 나 세 사람뿐이다. "청학포란靑鶴抱卵". 청학이 알을 품고 있다.
　나는 명당에 모신 조상님의 선산 조성에 3단계로 석축 쌓는 공사를 착공했다. 견치석 2천 개, 뒷 채움 돌 100여 톤, 모래, 자갈, 시멘트, 포크레인, 인부, 석축 기술자를 남원에서 데려와 일주일 동안 집에서 숙식하며 나하고 둘이서 석축을 쌓았다. 남원 석공은 하루에 견치석 27개 정도 쌓았다. 인건비도 부담되고 집에 자식들이 넷이나 학교에 다니는 데 불편하고 생각 끝에 보냈다. 하루 일당은 10만 원 계산해 주어서 보냈다.
　나는 손끝에 온 정성과 혼을 심어 하루에 30여 개씩 3개월 동안 쌓았다. 쌓아놓고 보니 예술작품이었다. 그동안 닦아온 기술을 조상님 선산에 쏟았다. 두고두고 천추만세에 남을 일이라 생각하면서, 다행인 것은 석축을 쌓아 올리면서 큰 사고 없이 완공되었으나 내 손은 쇠가죽처럼 두꺼워지고 힘줄이 불거져 어디다 손 내놓기가 부끄러웠다.
　석축 공사, 조경공사, 은행나무식재를 끝내고 상석과 지주석,

경계석을 주문하려고 전북 함열 석재공장을 여섯 차례나 왕래하면서 주문, 부회장 순호 씨와 나 둘이서 월남공법으로 인건비 절약하기 위해 상석과 경계석 놓는 작업을 직접 했다. 김성규 회장님도 김종열 이사님도 하루도 빠지지 않으시고 지켜보시면서 격려와 지도를 해주셨다. 공사 진행은 집행부의 숭조정신과 헌신으로 이루어졌다 해도 과언이 아니다.

충남 웅천 석산을 일곱 번 왕래하면서 웅천석재에서 오석을 일곱 종류를 놓고 비碑 석재를 골랐다. 용 갓 석, 거북 좌대, 기와 갓 석, 투구 석등 조상님의 벼슬에 따라 주문해서 각자까지 마치고 함평 선산에 입비立碑 완료했다. 마을 앞 논 20평을 매입(금 오십만 원) 세장비 (높이 4m, 무게 13t, 글자 크기 30cm) 서예의 대가 학정 이돈흥 선생 서체를 받아 건립했다. 웅장한 세장비 보기 드문 장관이었다.

선산 조성공사 이장 입비까지 8개월이 걸린 대공사를 마무리하였다. 세일사에 맞춰 입비 제막식을 치르자 자손으로서 할 일을 다 한듯하여 고생은 하였어도 묘역을 보면서 자랑스럽고 보람도 있었다. 순호 형님의 헌신적인 도움과 위선사에 그 많은 시간과 아무런 대가 없이 봉사로 끝마친 것은 전무후무한 일이었다. 그 정성과 노력은 내 몸에 골병만 훈장으로 남아 세월의 무게를 버티어 내고 있다.

그 후 명당바람이 후손에게 전해져 (서울대, 연대 등) 5명이 합격하였다. 좌랑공 종회에서 1970년 장학사업을 한 이래 처음 있는 경사였다. 그 후 청송공 선산에 좌랑공 장학생 하기 연수를 4년마다 봉심하고 있다. 안타까운 것은 장학금을 받을 수혜자가 해마다 줄어들어 종중에서도 인구 절감을 느낀다. 후손들이 해마다 증가해야 종중의 미래도 밝은데 어두운 것은 인구 절감도 문제요 장학금 수혜자나 부모가 종사에 성의를 안 보여 서글픈 현실이다.

　1993년 3월 청송회관 신축공사를 착공했다. 현금 2억 원을 가지고 12억 원 공사를 무리하게 시작했다. 문답 위토 400평을 매도하여 충당해도 공사비가 부족하였다. 1992년부터 상근을 하면서 월 70만 원을 받았다. 생활비에는 턱없이 부족했지만 그 일을 책임지고 할 만한 사람이 없었다. 짐을 다시 졌다. 신축회관 공사로 보수적인 생각과 진보적인 생각으로 이해충돌이 있었다. 보수적인 사람은 형편에 맞게 3층 건물을 신축할 것을 주장했지만 목소리 큰 사람의 주도가 되어 자기자본에 넘치는 무리한 공사였다. 중간 지불 때마다 내가 농협에 보증을 서고 대출을 받고도 부족해 운계공종회에서 5천만 원, 청계공종회에서 5천만 원을 차입했다. 간신이 준공하고 대한생명에서 5억 원을 대출을 받아 공사비 완불을 했다.
　준공의 기쁨도 잠시 IMF로 임대사업은 위기를 맞고 계산은 빗나갔다. 한 층씩 임대할 때마다 그 보증금으로 대출금 이자 갚으랴 건물관리 및 종회운영비를 감당하기 어렵게 되었다. 그렇게 10년을 버텨나가는데 회장님과 부회장님께서 작고하셨다. 종중에 비운이 겹쳤다. 별이 떨어진 자리엔 어둠뿐이다.
　신임회장이 취임하자마자 회관 매각 건을 상정하여 어려움을 딛고 회관을 신축했는데 지키려는 사람은 없고 어중이떠중이 소개한다고 회관을 걸레 만들어 결국 반값도 못 받고 손바닥을 치고 말았다.
　상근직 월 7십만 원 보수로 새벽 7시에 출근하여 밤 12시까지 오만가지 일을 처리하면서 애정을 쏟았는데 퇴직금도 연금도 없이 셔터문은 내려지고 말았다. 지나간 시간과 노력의 회한이 빈손으로 일상으로 돌아온 나 자신이 허탈했다.

1993년 3월 엄지발가락에 통풍이 재발하였다. 통풍이란 병의 지식이 부족하여 3개월간은 문밖 외출도 못 했다. 회관신축공사가 진행 중인데 3개월간 천정만 바라보며 통풍과 싸우고 있었.

장남이 대학교를 졸업하고 ROTC 소위 임관식이 성남에서 있었는데 대견한 장남의 늠름한 모습을 보지 못하고 아내와 제수씨만 참석했다.

회관이 준공되고 참의공 파보편찬사업이 시작되었다. 족보는 씨족의 발상과 더불어 성장 과정을 체계적으로 수록한 혈통사요 가계사이다. 족보는 자기 근본을 깨우쳐주고 인간의 삶의 가치관을 북돋아 준다. 세世와 대代를 초월한 조손공존의 영육이 살아 숨 쉬는 종문의 가풍을 가늠하는 숭조애친사상으로 승화된 우리 민족 고유의 미풍양속으로 이어져 오고 있음이다.

요즈음 무서운 속도로 세상이 변화하고 있다. 서구 사회로부터 무분별하게 유입된 극단적인 개인주의 팽배로 조상과 부모를 경시하고 종족 알기를 노변에서 보는 행인 보듯 한다. 이러한 세태가 우려되는 반면 서구제국에서는 뿌리 찾기에 열을 올리는 민족도 있다. 뿌리의 중요성은 나의 근본이다. 우리 족보문화에 대해서 국가적 차원에서 인식을 새로이 가질 필요가 있다. 시대사조의 복고풍으로 치부하기에는 너무나 사안이 중대하다. 국민 정서의 교육 차원에서 정책적 배려와 관심이 있어야 한다. 가정과 학교와 사회에서 후세의 계보의 개도에 지혜를 모아야 할 것이다. 첫째 아버지의 역할이 크다 할 것이다.

2014년 11월 27일 참의공종회 정기총회에서 파보편찬결의 편찬위원 수단정서 6년여 훈역 끝에 2020년 12월 삼주판관공

파보를 출간했다. 1993년도엔 젊어서 잘 썼는데 70대 중반의 나이에 한문으로 잔글씨 쓰기가 쉽지 않았다. 다른 지파에서는 컴퓨터로 작업했지만, 자필로 수단작성을 하면서 돋보기를 바꿔가면서 썼다. 내 생전에는 족보 할 기회가 없고 또 할 수도 없다. 무슨 일이든 자기희생과 봉사 없이는 이룰 수 없다.

조상님의 선산을 새로 이장하여 정성을 쏟고 노력했던 시간 느꼈던 나의 소외감이다.

바람결에 비 젖은 소나무처럼 조용히 지난날 더듬어보네.
세월은 화살처럼 비켜가고 내 소망대로 결실을 맺어,
허허실실 다 부려놓고 건실한 후손들
숭조정신이 부끄러움이 없기를.

청계공 오정공 송문공 묘소

제07장

아내의 자리와 며느리의 의무

눈물이 땀인 줄 알았으리라
어머니의 아들이고
한 여자의 남편이자
사남매의 가장
그 무거움이 삶의 버팀목이었다.

7. 아내의 자리와 며느리의 의무

　1969년 12월 첫 상면 후 어언 56년이 흘렀다. 여린 체구에서 품어 나온 사랑과 공경심을 두루 갖추고 자애로운 마음과 행동은 내가 아니어도 사랑받고 살 충분한 여자였다. 철없고 경제력이 없어 의탁하려는 시동생 가족을 불평 없이 거두고 버팀목이 되어주었다.
　시동생을 자립시켜 내놓으면 빈털터리가 되어 빈번하게 찾아든 동생들 가족을 불평불만 없이 몸과 마음을 받아들인 아내는 자기 자식 4남매 조카들 치다꺼리까지 함께 감내하였다. 자신의 육신은 탈진하고 밖으로 들어내지 못한 심리적 고통은 불면증과 우울증이 깊어졌다. 밥이 더 먹고 싶어 멀뚱멀뚱 바라보는 조카들에게 자기 밥을 덜어주고 자주 굶었다는 아내는 영양실조까지 겹쳐서 몸의 면역력은 고갈되고 말았다.

　노모는 안쓰러운 자식을 끼고돌고 그런 노모 마음을 서운하게 하지 않으려는 아내의 노심초사, 심성 고운 며느리 역할은 없는 살림에 중노동 하는 남편에게 내색도 못 하고 대가족 살림살이는 힘든 고통은 연속이었다. 내면에 쌓인 병은 깊어만 갔다. 자기의 욕구불만을 혼자 참고 견디는 착한 심성의 결과는 자기 몸을 망가뜨린 결과를 가져왔다.

결혼 전 기념 사진

　아내는 수술이 가능한 병도 아니라서 수면과 식욕은 밀접한 관계가 있어 잘 먹고 숙면을 잘하고 잘 배설하면 되는데 3대 기본이 순환되지 않아 좀처럼 아내의 몸은 마른나무에 물주기로 회복 기미가 안 보였다.

　주위의 권고로 지푸라기라도 잡고 싶은 간절한 마음으로 구세군교회에 나갔다. 교회에서 백일기도를 하며 아내의 건강 회복을 위한 기도 생활에 지성으로 매달렸다. 그때 권사님 집사님 정성 어린 기도는 감사했다. 늘 잊지 않고 언젠가 보답할 기회가 주어진다면 보은하고 싶다.

　족형님 친구가 경영하는 광주신경과에 장기간 입원했다. 현장에서 일을 나갔다가 퇴근길에 아내 병실에 들르면 남편의 얼굴을 보고서야 잠이 드는 아내의 모습을 확인하고 애들과 노모가 계신 집으로 돌아오는 일이 정해진 일과가 되었다. 새벽이면 아이들 도시락 싸놓고 현장에 나오면 무거운 돌로 축대를 쌓는 중노동이 기다리고 있었다. 고된 일과의 연속이지만 아내를 살려야 한다는 신념과 자식들과 노모를 보살펴야 할 가장이란 책임이 힘들고 좌절의 순간에도 주어진 책임감이 버틸 수가 있었다.

　검은 구름이 또 몰려왔다. 구세군교회 목사가 교회신축공사비 대출을 받는데 신용보증인으로 3인이 연대보증을 섰는데 연체이자가 나오고 대출금 독촉에 우리 집으로 가압류가 들어왔다. 엎친 데, 덮친 격으로 궁핍한 형편에 고통을 안겨주었다. 교회도 형편이 어려웠겠지만 조그만 성의도 안 보여줘 배신감이 들었다. 사랑과 믿음이 무엇인가 매일매일 기도는 입으로만 하는 것일까? 나 홀로 울면서 뼈가 부서지도록 일해서 갚았다. 그리고 교회에 안 나갔다. 신앙생활은 아무나 하는 것이 아니구나. 기도문이 열리지 않는 신앙생활은 할 수 없었다.

　아내의 몸 상태가 호전되면 힘이 나고 구름 속에 가둔 자신은 광명을 보는 듯 용기가 났다. 가족의 얼굴을 떠올리며 웃다가 울기를 반복해서 함께 일하는 동료들은 나의 눈물이 땀인 줄 알았으리라. 나는 어머니의 아들이고 한 여자의 남편이자 4남매의 가장이란 무거움이 때로는 삶의 버팀목이자 살아낼 희망이었다.

회갑 기념 사진

아내를 꼭 살려내고야 말겠다는 결심과 의지로 20년 가까운 아내의 병을 이겨내는 동안 매년 병원을 들락거리다 장기간 입원 중 3개월여 만에 퇴원하여 집으로 돌아오는 날에는 문정자 씨 퇴원 축하라는 동네 방송이 온 마을에 퍼졌다.

아내는 1979년 12월에 병이 나서 1995년에 병을 털고 일어났다.

동네 어른들과 너나없이 건강회복을 자기 일처럼 염원해준 그 따뜻한 마음을 잊을 수가 없다. 그동안 나에게 몰아친 거친 파도가 물러가자 가정은 실로 오랜만에 평온해지고 웃음꽃이 피었다. 마치 태풍이 지나가고 찬란한 태양이 비추듯 온기가 가득한 가정으로 돌아왔다. 아내는 집안의 온기를 지피는 아랫목이었고 울타리였다.

1980년대는 내 생애의 희비가 많은 세월이었다. 막내동생 결혼시켜 분가시키고 자식들 4남매가 학교에 가는 모습이 대견했다. 아내의 병이 우선하여 집에 돌아와서 평온을 찾는가 했더니 어머님이 노환으로 병이 나셨다. 아내가 대소변을 받아 내는 1년 가까이 수발하는 동안 아이들도 잘 거들어 주었다. 제수씨들이 가까이 있었지만 간병은 아내의 몫이었다. 어머니는 아버지 생일보다 하루 먼저 날이었고, 작고하실 때도 아버지 기일 하루 전날 83세로 작고하셨다.

아버님에 비하면 어머님은 장수하셨고 손자·손녀와 행복한 즐거움도 나누셨다. 아내는 어머님 영전에 1년 동안 조석상식을 올렸다. 시대가 변해 3년 상은 못 모시고 1년 탈복을 했다. 아버님을 30년 먼저 보낸 어머님은 장수하셨다고 위안을 하였 지만, 어머님이 우리 곁을 영원히 떠났다는 것은 슬픈 일이었다. 손주들 재롱도 한껏 보셨으나 늦게 둔 자식들이 근심거리여서 늘 마음 아파하셨다.

장례를 치르고 나서 아내는 다시 입원을 하게 되었다. 구세군교회는 어머님 장례가 끝나고 교회 예배는 접었다. 십 년 가까이 교회식으로 제사를 모셨는데 다시 우리 전통식으로 제사와 일상생활은 성도가 아니라 김흥호로 돌아왔고 아내 역시 교회와 인연은 그것으로 끝났다.

1989년 11월 12일 광주광역시 북구 시민의 날에 시상하는 효부상에 아내가 선정되었다. 동네와 구청에서 축하와 격려가 쏟아지는 날, 나는 현장 일 때문에 시상식에 참석하지 못 했다.
옛날부터 효부란 가문에 영광이며 부러움의 대상이요 존경의 표상이었다. 그러나 효부상은 바꿔 말하면 효부상 받은 본인의 삶은 오로지 가족을 위한 희생의 대가였다. 남편은 귀한 남의 딸자식을 데리다 고생만 시킨 증거로 남편은 미안한 마음이 더 많고 민망한 상이었다.

다시 나에게 시련이 닥쳤다. 아내가 건강이 좋아지자 내 엄지발가락에 통풍이 찾아왔다. 바람만 불어도 바늘로 찌르는 듯 통풍과의 사투는 예고 없이 발작성 발생빈도가 잦아지면 그 순간이 바로 지옥이다. 통풍의 원인은 대사질환의 하나로 퓨린 대사의 최종 산물인 요산이 혈액에 남아 피하조직에 침착되어 염증과 통증을 유발하는 병으로 예고 없이 불시에 도진다. 다행히 변형이나 섬유화로 진전되지 않아 관절 기능의 손상은 유발하지 않게 해로운 음식을 조심하고 시한폭탄을 안고 사는 중이다.

그러한 여파가 지난 지 얼마 안 되어 갑자기 왼쪽 옆구리 통증이 심했다. 내과에서 초음파 결과 "다낭신"이란 생소한 병으로 비뇨기과에서 재진을 받으라고 하는 것이다. 초음파 특수촬영 결과 70%는 신장암이란 인턴의 말이다.

화조 1

화조 2

결과를 기다리는 동안 연약한 아내와 한창 학비가 들어갈 시기에 내가 죽음을 맞이한다면? 두렵고 무서운 암담한 생각에 나도 모르게 두 손을 모아 더도 덜도 말고 회갑까지만 살게 해주세요! 막연하게 내가 회갑까지만 살아있다면 막내가 대학은 가지 않을까? 임원 준비를 끝내고 수술 날짜에 병원을 들어서는데 도살장에 끌려가는 황소의 신세였다.

수술 위치를 확실하게 하려고 다시 찍는 초음파검사를 시행, 초조한 기다림에 굳어 있는 나에게 담당 주치의는 지금 수술하지 맙시다. 신장 깊숙이 자리한 혹을 떼려다 다른 장기를 다칠 수 있는 위험이 있으니 혹이 더 커지면 그때 하자는 것이었다. 의사의 말 한마디에 환자는 지옥과 천당을 왕래하고 지금껏 착한 혹을 제자리에서 지키고 있으나 나를 불쌍히 여겼는지 잘 참아주고 있어 감사하고 있다. 이어서 찾아온 당뇨에 체중은 저체중이 되고 고지혈증까지 더해져 만신의 병고를 지니고 살지만, 희망과 용기를 내고 제천으로 받아들인다.

제08장
4남매 자식들

자식 키우고 성장해 가는데 어찌 꽃길만 있겠는가.
아버지가 어떻게 살아왔다고 면경처럼 들여다보고
꼭 필요한 것 아니면 손 내밀지 않았다.

8. 4남매 자식들

1970년 12월 22일 아내와 부부의 인연을 맺고 2년 뒤 1972년 7월 20일 장남 연용이가 태어나서 어머님께 첫 손자를 안겨드려 기쁨을 선사해드렸다. 딸 진희가 두 살 터울로 태어나고 차남 택용이가 1977년 2월 3일에 태어났다.

당시 둘째 동생과 옆집에서 살던 때라 동생도 삼 남매를 낳았다. 하루빨리 자립하기를 바라며 연탄불도 갈아주고 조카들까지 돌보았다. 집안은 거의 동시다발로 어린이가 여섯이 되어 아이들 돌보는 일은 아내의 몫이 되어버린 것이었다. 나는 불어난 식구들을 먹여 살려야 한다는 책임감으로 부지런히 분발해야 했다.

어느 날 동생은 남매를 말없이 자기 자식을 떠맡기고 빚쟁이가 밤밥 먹고 도망치듯 막내아들만 데리고 서울로 떠나버렸다. 도리를 벗어난 서운함은 말할 수 없었다. 피를 나눈 형제 마음도 그러할 진데 온갖 궂은일 마다치 않고 낳아준 부모 이상으로 조카들을 보살핀 아내가 받은 마음의 상처와 옹색한 자기 입장만 생각하고 말 한마디 없이 종적을 감춘 시동생 내외들이 남기고 간 허탈함도 날이 가고 달이 갔다.

장남 연용

장녀 진희

동생이 두고 간 조카가 초등학교 다니면서 개구쟁이로 하루에도 버리는 옷이 두세 벌로 흙바닥인지 방인지 구분을 안 하고 공부보다 놀이가 좋아 아내의 고생이 많았다. 자기 자식과 차별 없이 키우려는 아내는 조카들이 건강하게만 성장해 주길 바라고 애정을 쏟았다. 어린 자식이 무슨 죄가 있으랴 맨주먹으로 상경한 동생도 피눈물 나는 고생을 하고 있었다.

아내의 몸이 차도가 없자 주위에서 산후조리를 못 해 누전된 골병이라고 아이를 낳기를 권했다. 어쩌면 그런 권고도 일리가 있다고 여겼다. 정성이 받아들여졌는지 4년 만에 막내 택천이를 얻었다. 아픈 아내가 힘을 얻어 아들을 낳자 가장 기뻐하신 것은 노모였다. 아내의 산후조리를 잘해서 그간에 쌓인 병이 말끔히 치유되는 계기의 반전이 있을까 싶었는데 육신의 노고는 더 가중되었다. 산모가 먹지도 자지도 못하는 악순환에서 육아까지 한다는 짐은 아내의 가사노동은 삼중고의 고통을 주고 말았다.

어머님의 연세는 극 노인으로 소소한 것은 챙겨주셔도 가사의 일에는 도움을 바랄 수가 없어 초등학교 다니는 아이들을 내가 챙겨주어야 했다. 아이들이 무엇이 필요한지 미리 챙겨줘야 하고 필요한 돈은 밤에 청구하도록 가르쳤다. 아이들이 학용품과 용돈은 단 한 번도 다음이란 단어는 쓰지 않았다. 내가 아무리 힘들어도 사각모를 자식들에게 쓰게 해주겠다는 결심과 아내가 건강해서 함께 그 모습을 지켜보는 희망을 키웠다. 자식들의 용돈은 어머니가 아닌 아버지인 내게 대학 졸업을 할 때까지 계속되었다. 아무리 힘들어도 주머니에 현금을 준비하고 나에게 받아 갈 때마다 오진 마음뿐이었다.

차남 택용

삼남 택천

첫째가 고등학교 둘째가 중학생 막내가 초등학생 어머니는 마을 앞 당산나무 아래까지 가서 막내 손자 가방을 받아들고 오신다. 손주들 체육대회가 있으면 운동하는 모습을 바라보는 낙이 크신지 며느리 앞세우고 가셨다. 손주들이 여섯 명이나 되는데 오직 손주밖에 모른다. 어머니의 행복은 손주들을 보는 생애가 자신 앞에 너무 일찍 보낸 자식들의 슬픈 세월을 위로받으셨나 보다. 자식 된 도리로 생전에 호강 한 번 못 시켜드린 미안함에 가슴이 미어진다. 후회만 짓누르고 달려드는 생활고는 변명으로 가득한 회한의 자식은 빚진 죄인이다. 어머니의 묘에 풀이 자라듯 커나가는 자식들 뒷바라지가 더 급했다.

1994년 둘째 아들 택용이가 육군 입대를 했다. 강원도 인제에서 신병 교육이 끝나자 가족 면회 오라는 부대장의 통문이 왔다. 마침 장교로 근무 중인 장남 연용이가 휴가를 왔다. 장교 아들을 앞세우고 뿌듯한 마음으로 소양강 다리를 우회해서 가느라 면회 시간을 두 시간 늦게 도착했다. 이미 행사는 끝나고 가족끼리 화목한 시간을 보내고 있는데 오지 않는 가족을 포기할 때쯤 둘째 앞에 나타난 가족을 보고 둘째는 눈가에 이슬이 맺혔다. 짧은 시간 가져간 음식을 먹고 헤어져야 할 시간 자식을 두고 오는 부모 마음과 떨어져야 할 형편이다. 신병 아들의 마음은 또다시 이별의 시간은 가슴이 먹먹하고 애잔한 마음 금할 길 없으나 헤어져야만 했다.

막내가 대학생이 되고 딸 진희가 전남대학교를 졸업했다. 진희는 광주대학교 보육학과 3학년에 편입하자 군대 제대로 복학한 둘째까지 대학생이 셋이나 되었다. 둘째 택용이는 공부를 열심히 해서 과 수석으로 장학금을 받았다. 막내 택천이는 문중 에서 주는 장학금 수혜로 학자금에 큰 도움이 되었다.

　장남 연용이가 군 복무를 마치고 한라중공업에 입사했다. 뒤따라 둘째 택용이도 세아특수강에 입사했다. 막내 택천이가 첫 휴가 와서 너무 추워서 겨울나기가 힘들었으나 자유 배식으로 배는 고프지 않았다고 했다. 격려랍시고 해주는 말은 군대 생활은 배만 안 고프면 할 만하다고 다독여주었다.

　2002년 4월 27일 딸 진희가 영산강 예식장에서 결혼식을 올렸다. 사위는 전남대학교 동기생으로 공무원 시험공부 준비 중이었다. 딸의 앞날에 행복을 빌면서 부모가 할 수 있는 도리를 다하여 사위의 손에 딸을 인계했다. 사돈댁은 어린이집을 운영 하였다. 딸은 시댁에서 운영하는 어린이집 일을 돕는다고 했다. 딸이 공무원이 되길 원했으나 자신이 어린이집 운영을 목표하여 보육교사 편입을 했던 것이다.

　딸은 어린이집 운영과 관리는 생각보다 훨씬 벅차고 부모들의 힘든 과정을 배워가고 소화해야 했다. 보육교사 관리 감독 어린이 간식과 건강관리, 주방도우미도 잘 써야 하고 행정관청에서 요구 하는 시행과 지침에도 빈틈이 없어야 했다. 아이들이 싸우거나 놀다가 다치면 병원과 구청으로 종횡무진 뛰어야 하는 고된 업무는 쉬운 일이 결코 아니었다. 사위는 공무원 시험에 몰두하자 딸의 신혼생활은 그리 행복하게 보이지 않았다. 부모는 먼 산 구경하듯 지켜만 볼 뿐이다. 한때의 고생 없이 행복은 거저 얻어 지는 것이 아니다.

외손녀 민효가 태어나자 산후조리를 친정에서 하자 오랜만에 들어본 아이의 울음소리가 그렇게 듣기 좋을 수가 없었다. 예쁜 공주를 조석으로 안아보는 외할아버지의 기쁨은 큰 낙이 되어주었다. 경사가 겹쳤다. 사위가 공무원 시험에 합격하여 함평군청으로 발령을 받아 가정은 평온을 되찾아갔다. 3년 뒤 외손자 민성이가 태어나 어린이집 재롱잔치에 외손녀의 무용이 얼마나 귀엽던지 입을 다물지 못했다.

딸은 오빠 먼저 결혼하여 아들은 조카를 앞에 두고 아버지의 회갑을 맞이했다. 12년 전만 해도 회갑까지만 살게 해달라고 빌었던 나는 감회가 깊었다. 조촐하지만 회갑연을 열고 아내도 건강하여 함께 절을 받았으니 감사했다. 지나간 세월이 고통 스럽던 암울한 터널을 빠져나오니 이런 복된 날도 있구나! 기쁨과 회한의 눈물이 가슴에서 밀려와 종일토록 내 눈은 충혈되었다. 이제 눈물과 고통으로 보낸 젊은 세월 못 이룬 공부를 시작해 보리란 각오를 다짐했다.

2005년 3월 6일 큰아들 연용이의 결혼식은 상무리즈 컨벤션 웨딩홀에서 예식을 올렸다. 며느리는 주朱씨 가문의 여성으로 꽃길만 걸어온 아가씨가 아니라 초등학교 다닐 때 부친이 작고 하셨다. 고학으로 대학을 마친 당찬 아가씨였다. 세상의 풍파를 이겨낸 며느리가 자랑스럽고 믿음직스러웠다. 며느리는 생활력도 강하고 살림도 잘하며 든든한 첫 손자 현목이를 안겨주었다. 5년 후 손녀 현서를 낳고 손자 현목이는 아빠 엄마를 닮아 공부도 잘하고 영재반에 들어가 전교 수석을 놓치지 않는다. 부모 욕심에 하나만 더 있으면 좋겠다는 말에 둘만 잘 키우겠다고 웃고 만다. 손자는 고등학교 들어가서도 목포 덕인고등학교 영재반에서도 수석을 놓치지 않았다. 2025년 전남대학교 의과대학 재학 중이다. 이런 열매를 가꾸는 데에는 어머니만 한 조력자는 없다. 아이의 건강과 예습 복습을 지도하며 엄마와 함께 공부하는 모범적인 습관과 최선을 다하는 부모의 모습이 진정한 교육 모습이 대견스럽다.

나는 며느리의 장한 모습을 볼 때마다 고맙고 사랑스럽다. 자식의 위대한 스승은 부모다. 남편의 월급에 맞춰 근검절약하며 검소한 며느리는 가정의 보배요 가문이 번영할 터전을 닦고 있어 든든하다. 장남 며느리 역할도 똑 부러지게 잘하여 형제간에 우애와 약한 시어머니 배려하는 마음 또한 비단결이다. 집안 명절 제사에도 앞장서서 예의를 갖추는 범절이 기특하기 짝이 없어 화목한 가정을 주도하고 있다. 집안이 융성하려면 며느리가 잘 들어와야 한다는 옛말이 아니라 가정의 행복은 안주인이 어떻게 하느냐에 달려있다. 상하 위계질서가 있고 존중하는 마음과 서로를 배려하는 따뜻한 마음에서 비롯된다. 부모 역시 자녀들을 편애하지 않고 이해하며 사랑으로 감싸주는 것이다.

장남 아들도 삼호중공업(현대삼호조선) 부장으로 재직하며 다양한 취미로 운동을 하면서 사회교류를 잘 해내고 있다. 건강한 정신과 신체로 가정에도 모범적인 역할을 잘해 제 할 일 성실히 하면서 부모 근심·걱정 한 번 시킨 일 없이 효도를 하고 있다.

둘째 아들 택용이의 결혼은 2006년 2월 25일 포항 대왕예식장에서 예식을 올렸다. 세아특수강 포항지사에서 근무하다 만난 아가씨와 3년간 교제하다 결혼하게 되었다. 막내딸로 귀엽게 자란 줄 알았는데 엄마가 일찍 작고하시어 슬픔과 고통 편애를 받고 살았을까 생각하니 너무나 안쓰럽다. 바깥사돈이 포스코에 재직하셨다. 사윗감의 됨됨을 지켜보고 계시다 결혼 승낙을 해주기까지 신중한 어른인 것 같았다. 관광버스 두 대를 전세 내어 가까운 친인척들과 친구들을 모시고 결혼식장에 도착하였다. 각지에서 흩어진 친척들과 합류하여 쌀쌀한 날씨에도 훈훈한 결혼식은 성황리에 마치고 돌아오는 관광버스는 흥으로 가득 찼다.

자식을 키우고 성장해가는 동안 어찌 꽃길만 있었겠는가? 자식들이 입만 벌리면 원하는 것 대해주는 그럴 형편도 아니었다. 자식들은 아버지가 어떻게 살아왔다고 말해주지 않아도 부모의 모습을 면경처럼 들여다보고 살았다. 당장 필요한 것이 아니고 꼭 필요한 것이 아니면 아버지에게 손을 내밀지 못했고 아픈 엄마에게 사정을 말하지 못하는 실정이었다. 아이들은 스스로 감내하고 절제하며 성장했다.

둘째 택용이는 사춘기를 넘기면서 당구 400을 치는 수준에 빠졌고 대입 수능 성적이 좋을 리가 없었다. 수능시험이 끝나자 친구들 모임도 끼리끼리 어울리기 시작했고 대학입시 준비를 해야 하는데 가출을 해버렸다. 같이 어울리는 친구들을 추적하며 고구마 줄기를 잡아당기듯 하자 10명이 서울로 갔다는 것을 알아냈다. 아무것도 모르는 애들이 무작정 상경해서 며칠이나 버틸 것인가? 그중에 두 아이만 귀가하지 않고 20여 일 지나가고 있었다. 경찰의 도움으로 전화 위치 추적으로 인천 월미도에 있다는 확인이 나왔다. 친구들을 통해 귀가를 종용했지만 돌아오겠다는 대답은 들을 수가 없어 애간장이 타들어 갔다. 두 아이 가족은 봉고차로 해당 지역 파출소의 도움을 요청했다.

두 가족은 월미도에 도착하자 밤 11시가 되어 모텔에서 밤을

행복한 집

보내고 두 아이가 기숙하고 있는 위치를 파악한 뒤 잠복에 들어 갔다. 밤샘하고 와서 아이들이 아침은 굶고 오전 11시에 출근한다는 것을 알아냈다. 아들 친구 부친의 지혜롭고 경험과 도움으로 임금을 받아 앞세우고 무사히 귀가했다.

둘째에게 가출한 이유를 묻자 가죽 잠바를 사고 싶어서였다는 말을 듣고 원하는 것이 있는데 스스로 해결하려는 마음을 듣고 얼마나 가슴이 아렸는지 후회와 못난 부모로 서글펐는지 모른다. 25만 원 주고 가죽 잠바를 사주고 아들은 짧은 기간이지만 열심히 노력하여 조선대학교 금속공학과로 들어갔다.

  육군 만기제대를 하고 운전면허증도 취득하여 자기 앞길을 준비하였다. 원래 우수한 두뇌를 가지고 있던 둘째는 복학하자 과 수석을 놓치지 않고 올 장학금을 타고 졸업하여 자기 앞길을 당당히 헤쳐나갔다. 부모의 욕심과 자식에게 기대는 바람은 끝이 없다. 중학교 때도 우등생이라 기대를 했는데 후회는 미련만 가득했다. 그래도 어긋나지 않고 늦게라도 노력해준 것에 고맙다.
  요즈음 학벌도 필요 없고 스펙에 속지 말자란 시대의 변화는 회사가 필요한 인재와 인성이 갖춘 사람을 뽑는다고 하니 실속형의 자식들을 두어서 퍽 다행이었다.

  세아특수강에 입사하고 포항지사에 6개월 근무하다 서울 본사로 옮겼다. 서울과 포항을 오가며 아가씨를 만나 결혼도 하였다. 며느리는 퇴사하고 첫아들 진목이를 낳았다. 흰 피부에 귀여운 아이는 앵무새처럼 말을 일찍부터 잘해 귀여움을 독차지하였다. 그리도 귀여운 손자가 돌이 지나자 탈장 수술로 서울대학교병원에 두 달간 입원했다. 며느리 혼자 어린아이 간호가 어려워 아내가 상경하여 도와주었다. 식사 시간이 되면 아이는 음식 냄새를 알아채고 먹고 싶어서 애원하는 아이의 애절함을 차마 볼 수가 없었다고 아내의 안타까움의 소식이 전할 때마다 간장이 녹았다. 아들은 열심히 회사에 출근하고 며느리는 공인중개사 자격시험공부를 하여 합격한 뒤 초보 경험을 쌓고 원숙한 중개사로 성장하여 노후생활 준비를 잘하고 있다. 아들 역시 스포츠 동우회를 활발히 하며 마라톤 풀코스를 수차례 완주, 골프 등으로 몸을 다지고 있어 든든하기 짝이 없다.

막내아들 택천이는 1981년 2월 16일생이다. 국제고등학교를 졸업하고 조선대학교 컴퓨터공학과를 졸업했다. 막내라고 약하게 키우고 싶지 않아 강원도 인제에서 군대 생활을 할 때도 너무 춥다고 하소연했지만, 면회 한 번 가주지 않았다. 택천이는 군복무를 마친 후 대한조선 협력업체에서 선체 설계를 하고 있다. 같이 입사한 동기는 힘들어 퇴사하였지만 참고 견디어 지금은 직원 6명을 데리고 프리랜서로 주가를 올리고 있다. 성실하게 모아 아파트 34평도 마련했다. 자기 앞을 개척하며 준비를 다 해놓고 살고 있지만 요즈음 결혼이 늦어지는데 하루빨리 좋은 인연 만나 둥지를 틀고 사는 모습을 보는 것이 부모의 바람이다. 인생은 각자의 몫이므로 간섭을 한다거나 대신 살아주지 못하니 세상사 돌아가는 대로 적응하다 떠나는 것이다.

자식들도 부모 그늘을 벗어나 자립해서 둥지를 떠나가고 1991년 11월 21일 문흥동 개발로 보상을 받아 나는 두암동으로 이사를 했다. 재운은 나와 거리가 멀어 주거지 티켓을 받아 매도하여 땅을 산 것이 이익은커녕 손해를 보았다.

부동산 흐름에 너무 어두워, 지나고 나면 후회만 남았으나 재물복은 나에게 비켜만 갔다. 종중사무실에 잠시나마 상근하면서 작은 보수로 만족하며 자족해야 했다.

제09장
명당의 슬픈 역사

길지가 화근 되어
빼앗긴 선비정원

권력의 무소불위
통한의 가슴 안고
넘었을 뒷박고개

9. 명당의 슬픈 역사

고려 말 충신忠臣 상촌 조촌村 祖가 사시던 고향은 안동(지금의 교육대학교)이었으나 태종太宗이 형조판서刑曹判書로 부르자 불사이군不事二君의 신절臣節을 지켜 한양 땅의 경계인 추령秋嶺에서 자결自決하시고 태현台峴에 묻히시니 아드님 소윤공少尹公 휘諱 근根께서 시묘侍墓를 하기 위해 용인(龍仁, 경기도 광주시 오포면 신현리)로 이거移居하셨다. 소윤공 둘째 아드님 좌랑공佐郞公 휘諱 영원永源께서 시흥(始興, 지금의 서울대학교입구 신림동)으로 분가하시고 좌랑공 셋째 아드님 삼주판관공三州判官公 휘諱 신信께서 처가 장인 익령군益寧君 오리정승의 증조가 계신 고양 원당으로 이거移居하셨다. 삼주판관공 둘째 아드님 참의공參議公 휘諱) 양준良俊께서 분가하여 안착하신 곳이 김문金門의 터전이었다.

김씨 가문이 이거했을 당시 마을은 영장리靈匠里였으나 김씨 가문이 번창하면서 김양촌金良村이라 부르게 되었다. 김씨 가문은 1세기 3대에 걸쳐 당상관 열여섯 분을 배출하는 가문으로 융성하였다. 김양촌으로 부르게 된 것은 당상관 벼슬로 열여섯 분이 나오셨으니 실로 가문에 명당의 터라고 중국에까지 소문이 났다. 김양촌의 명성과 세인들의 관심이 많았을 것은 당연지사

참의공 묘소

서흥공 묘소

였다.

　다음 손자 대에 이르러 사한공四寒公 휘諱 창일昌一 죽정공竹亭公 휘諱 영일榮一이 나와 문명으로 사림士林을 용동聳動하였으나 선조 22년(1589년 10월) 기축옥사는 황해도 관찰사 한준韓準 재령군수 박충간朴忠侃 안악군수 이축李軸 신천군수 한응인韓應寅이 상고 정여립鄭汝立이 쳐들어온다고 고변告變함으로써 서인은 환성을 올리고 동인은 몰락했다.

　죽정공은 사림의 학자로 60대 중반의 고령高齡이신데, 정송강鄭松江 소신설疏伸雪로 원폐寃斃를 당하여 사사되니 아드님 3형제분과 손자분들은 질곡桎梏의 산골짜기에서 초근목피 草根木皮로 은둔隱遁하면서 전라도 고창에서 잠시 정착하다가 헤어져 지금도 일부 종인들 소식을 모르는 현실이다. 일문이 억울한 참화慘禍로 세상의 이목耳目을 받게 되었다.

　김양촌의 영화는 호사다마라고 할까.
　숙빈 최씨는 아들 연잉군이 제21대 영조 임금으로 등극하는 모습을 보지 못한 채, 숙종 44년 1718년 3월 19일 49세로 세상을 떠났다.
　숙빈 최씨가 별세하자 연잉군은 각지에서 풍수 대가들이 모여들었으나 모두 물리치고 용미리 산기슭에 사는 이李 선비를 불러와 팔일봉에서 8일 동안 하늘에 제사를 올리며 좋은 묫자리를 내어달라고 기원하며 직접 이李 선비와 묫자리를 보러 다녔다.
　의정부 방면에서 해 질 녘에 영장리를 지나는데 산골짝에서 돌 깎는 소리가 들려 발길을 소리 나는 쪽으로 가다 보니 석공이 비석을 깎고 있어 지세를 보는 안목의 풍수는 팔일봉 끝자락 김씨 문중이 터를 잡은 산을 살피다 명당이 눈에 띄었다.

그 길지에 동년 5월 22일 지금의 소령원(파주시 광탄면 영장리 산1번지)에 숙빈 최씨를 안장했다. 중국의 풍수지리지에 수록될 정도로 길지라고 한다.

참의공 할아버지 묏자리에 비석을 세우지 말라는 명인의 당부가 있었다. 김양촌 김문은 그 명인의 말을 듣지 않고 비석을 깎다 그 소리가 천하의 길지를 빼앗기는 김문의 멸망을 자초한 시초였다. 옳은 말을 듣지 않던 후손의 아쉬움과 슬픔의 고통은 너무 길었다.

연잉군은 생모인 숙빈 최씨 묘소에 묘막을 짓고 친필로 묘비를 세우고 시묘살이를 했다. 어느 날 궁궐에 들어가고 싶어 차비를 갖추고 파주시와 고양시의 경계인 혜음령 고개에서 1724년(경종 4년) 연잉군은 임금으로부터 추봉되는 왕명장을 받게 되었다. 그 후 이 고개를 수령령授令嶺 고개로 부르게 되었다.

연잉군은 김문과 협상 조건으로 금金 3말을 제시했으나, 당상관 16분을 배출한 김문도 그냥 물러서기에 만만한 가문이 아니었다. 왕족과 산송은 5년 동안 지속되었다. 김문이 아무리 대단하나 살아있는 절대 권력을 어찌 이길 수가 있겠는가?

왕권의 시대에 뿌리를 지킨다는 명분으로 왕족과 송사로 맞선다는 것은 김문이기에 가능했는지 모른다. 영조의 세력에 밀려 김문은 피 말리는 싸움은 계란으로 바위 치기로 무너졌다. 김양촌은 역사 속으로 사라졌다.

벌평伐平 당하는 불운을 당하고 입산 자체를 금지했다. 선조님의 유택관리는 물론 술 한 잔 올리지 못한 한恨 서린 김양촌 선조들은 흙더미와 잡초에 묻혀버렸다. 김양촌 통한의 슬픈 역사는 2백여 년이나 계속되었다.

　일제강점기가 되자 후손들은 성묘도 하고 제사도 올리면서 여비를 절약해서 한푼 두푼 성금을 모았다. 왕복 다녀오는데, 보름이 걸리고 열흘이 걸려 짚신은 얼마나 닳았을까? 뿌리를 지키는 참된 숭조정신이었다. 여비로 쌀 80kg 한 가마니 썼다고 어른들께 들었다.

　영장리 산1번지 약 20만 평이 1500년경부터 경주 김문 산이라고 전해오는데 우리는 지금 선산 방문도 자유롭게 다닐 수 없고 문화재로 등록되어 출입이 통제되고 선산 관리도 할 수 없다. 조선조의 왕명 역사는 삼백 년 동안 승자의 논리에 쓰인 기록에는 김양촌 증거와 애사는 어디에도 찾을 길이 없어 안타깝다.
　오~ 상재지향桑梓之鄕*이여!

　최숙빈의 아들 영조는 어머니께 효심을 다 했는지 모른다. 당시 경기도 양주시 광탄면 영장리 일대 대대로 살다 삶의 터전과 조상을 숭배하는 김양촌 경주김씨 가문의 효심이 못했으랴! 3대에 걸쳐 당상관 열여섯 분을 배출한 가문이다. 묘 터가 명당 이라고 멀리 중국까지 알려진 길지를 빼앗기고 왕권에 밀려 쫓겨난 통탄할 일이다. 가문은 뿔뿔이 흩어져 타향객지에서 다시 재기하는 동안 후손들의 뼈를 깎는 고통은 가난뿐으로 배고픔만 기다리는 곳이었다.
　명당이란 길지의 명성은 현재에 이르기까지 입소문이 났다. 40대~50대 남성들 사이에 소령원을 참배한다거나 주변 골프장

---

* 상재지향 : 대대로 살아온 조상님의 무덤이 있는 고향

수련원 다녀간 사람들은 소령원 기氣를 받아 30여 명이 이사로 영전했다는 재계의 소문이다. 승진을 위해 운기를 받으려는 사람들이 이곳을 찾는다고 한다.

〈국운풍수國運風水〉를 연재한 김두규 우석대학교 교양학부 교수는 "소령원"은 외롭고 쓸쓸해 보이지만 자존심을 지키려는 기운이 강하게 느껴지는 장소라고 말한다.

숭조정신 뿌리 역사를 지키려는 계승발전에 후손들은 종중사의 편찬을 이어오고 있다. 황혼의 문턱에서 시, 문학을 공부하면서 종중의 역사에도 관심을 갖게 되었다. 종중에 훌륭하고 해박한 지식을 가진 분도 많겠지만 가르쳐 준 분은 없었다. 눈을 떠가기에는 외롭고 답답했으나 스스로 알아가는 즐거움과 보람도 있었다. 종중사란 숭조정신은 순수하고 일가 간에 사랑을 가르쳐 줬으며 자신을 성찰하는 시간을 배웠다.

참의공 할아버지, 서흥공 할아버지, 운산공 할아버지 묘소가 그곳에 있다. 우리 선조님의 산이었다는 증거다. 우리는 지금부터라도 증거를 찾아야 한다.

1718년부터 1724년까지 산송 했던 자료, 김양촌이 쫓겨나는 자료 등 누군가가 보관하고 있을지 모른다. 참의공 할아버지 구비舊碑가 분실된 것은 안타까운 일이다. 서흥공 할아버지 구비 舊碑가 우리 산이었다는 것을 입증한다. 이번에 죽정공 할아버지 단비 이설은 영장리 산1번지 우리 땅에 모신 것이다.

결코 잊을 수 없다. 꾸준히 노력하며 희망을 가져야 한다.

경주김씨 태사공파 족보는 1차로 1685년 판 을축보乙丑譜 단권이

창시創始되었으나 실본은 전해지지 않고 서序, 발문跋文 및 범례만 후간보後刊譜에 전해오고 있고, 2차로 1784년 판 갑진보甲辰譜 5권, 3차로 1871년 판 신미보辛未譜 19권, 4차로 1922년 판 임술종보壬戌縱譜 12권, 5차로 1957년 정유대동보 丁酉大同譜 81권과 1901년 신축보辛丑譜 12권 (전서공, 좌랑공, 우재공, 3파 위주) 등이 편찬되어 전해오고 있으며 그 외 소 종파 단위로 파보를 간행한 바 있으나 좌랑공파 차원의 독자적인 파보를 편찬한 바는 한 번도 없었다.

주요종중은 물론 종인들이 상기 보첩을 소장치 못하고 있어 귀중한 선대들의 문헌이나 종파별 계보를 열람하거나 연구할 수 없는 현실이다.

2014년 11월 27일 참의공종회 정기총회에서 파보 편찬을 결의하였다. 이어서 편찬위원을 구성하고 나는 서흥공 편찬위원과 청계공 수단정서를 맡았다.

- 수단금 기준 : 子, 女, 婦, 婿. (명하전 1인 1만 원)
- 족보편찬사업절차
  - 보사결의⇒ 준비회의⇒ 편찬회의 구성⇒ 지파별 유사 위촉⇒ 수단 작성⇒ 수단 검토⇒ 위원회 결의⇒ 조판 및 교정⇒ 공람⇒ 인쇄⇒ 제책⇒ 분질정산⇒ 위원회 해산

1994년 갑술보 6권 2020년 삼주판관공 세보 7권 발행 내 생애 파보를 두 번 발간하면서 편찬위원으로 수단정서까지 했다.

1981년 청송공 휘 준술 세일사에 참석한 계기는 36살 되던 해 종문에 들어섰다. 종사와 족보편찬에 노력과 정성을 쏟았다.

조상의 뿌리와 선조의 얼을 이어받아 후손에게 넘겨주는 일이 결코 쉬운 일이 아니다. 소 문중에서 열성으로 협조와 관심으로 돕는가 하면 비협조로 몇 번을 수단정서를 하기도 했다.

경기도 세일사는 4박 5일이 소요된다. 아픈 아내를 혼자 두고 며칠 동안의 연례행사는 큰 부담이었다. 종사는 숭조정신이 있어야 하고 뿌리의 역사를 배우려는 노력이 있어야 된다. 수고의 대가를 바래서는 종중이 퇴행한다는 것을 느꼈다. 시대의 변화에 물질이 유혹되는 안타까움이 서글프다.

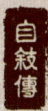

제10장
다시 시작하는 노후

처음 시작할 때처럼
무딘 손끝에 품격을 보태고 싶다

송송 구멍 뚫린 가슴에 비가 적셔도
겨자씨만 한 흔적

석양 구름 만났으니
노을빛 곱다

10. 다시 시작하는 노후

　40대에 건강의 위기를 맞으면서 내 소원은 환갑까지만 버티게 해달라고 빌었다. 환갑도 넘고 건강도 좋아져 평소에 하고 싶었던 공부를 하고 싶었다.
　첫째 노크한 문이 금호평생교육관 서예 교실이었다. 처음으로 후관 지하학습실에 들어섰으나 맨손이었다. 인상이 좋은 분께 신입생이라고 인사를 드렸다. 그분은 친절하게 준비물을 알려 주었다. 수업 시간이 되자 예쁜 아가씨가 지도 선생님이란다. 서예라면 나이가 있으신 남자분이란 선입견은 빗나갔다.
　강사 선생님께서 자기소개를 하시는데 화려한 경력에 입이 벌어졌다. 선생님은 40대고 나는 60대다. 돌아가면서 자기소개를 하였다. 내 차례가 되자 나는 "두암동에 사는 김흥호"라는 이름뿐이었다. 한동안 내 소개의 단골 명암은 두암동에 사는 김흥호였다. 수업 시간은 인품 후덕한 선배의 배려로 한일자를 그렸다. 마제잠두馬蹄蠶頭, 말발굽 같은 누에머리 필법은 쓰는 것이 아니라 따라 그려도 어찌나 어려운지 손이 떨려 붓이 갈지자로 엇갈린다. 집에 오면 신문지에 수십 번을 써보고 잠을 자다가도 일어나 한일자를 썼다.

송림회 전시작

송림회 전시작

서예 입문한 뒤 3년 되던 해였다. 2005년 7월 8일 광주광역시 미술대전 서예 부문에서 첫 입선의 기쁨을 맛보았다. 그 후 연달아 상복은 이어졌다.

- 광주광역시미술대전 서예부문 특선 4회, 입선 3회
  드디어 2022년 추천작가 반열에 올랐다.
- 대한민국미술대전 서예부문 특선 1회, 입선 2회
- 전라남도미술대전 서예부문 특선 2회, 입선 1회
- 무등미술대전 서예부문 입선
- 서울미술대상전 서예부문 입선
- 대한민국예술인협회 서예부문 입선

시작은 늦은 나이에 굳어진 손으로 미미했으나 부족한 자신이었기에 노력한 열매는 찬란했다. 특선 7회 입선 9회 내 인생에 쾌거였다. 상보다 더 좋은 것은 내가 무엇인가를 노력하면 성취할 수 있다는 행복감이었다. 당시 출품한 사람이 나뿐이었기에 부러움의 대상이 되기도 했다.

그 행복감으로 입선할 때마다 아내가 삶아준 돼지고기와 과수원에서 나온 보리수 술로 축하 턱을 내며 수강생들과 함께 나누는 기쁨의 시간이었다.

**아직도 어린아이 달래듯 위로하며
꿈꾸는 마음의 길**

처음 시작할 때처럼 설레며 쓰고 싶고
무딘 손끝에 필획을 펼치고 싶다

한국 예술문화협회추천작가

한국 예술문화협회 초대작가

마음의 그림을 글씨로 표현하며
바람처럼 빠르게 지나가는 세월을 붙잡아
글씨의 품격에 인격을 보태고 싶다

운필의 묘와 필획의 기세 예술적 감각과 기량
인품과 정신세계가 살아 움직이는 정기에 나타나는 글씨

금호평생교육관을 다니면서 여러 가지 프로그램이 있어
다양한 취미와 여가를 보낼 수 있는 기회가 있어
작은 기쁨에 감동하고 기뻐할 줄 아는
내가 받은 인생에 선물이다

송송 구멍 뚫린 가슴에 비가 적셔도
붓을 내려놓기가 아쉬워도
홀가분한 여유로움으로
인생에 그리는 채색을 배우련다

붓끝에 반한 흰머리가 반증
서예를 가슴에 담고서
이제 겨자씨만 한 붓끝의 흔적
석양 구름 만났으니 노을빛이 곱구나.

금호평생교육관 프로그램의 다양한 내용에는 음악, 스포츠댄스, 생활민요, 영어, 풍수지리, 민속악기, 문학, 컴퓨터 기초 등등 다양한 과목이 있었다. 붓만 잡고 있으면 하체 근육의 경직으로 전신을 움직이는 운동 겸 감미로운 리듬이 있는 댄스스포츠에 등록했다. 처음에는 어색하고 낯설었으나 같은 연배의 세대들이라 동질감이 거리를 좁혀주었다. 60대 중반의 뻣뻣한 몸이 하루아침에 나비처럼 가벼워질 리도 없다. 남녀의 파트너가 있고 리듬을 타는 스텝에 손을 잡고 하는 춤이라 어색하고 낯설었다. 초보는 더디고 어려워도 빠른 템포의 음악은 즐거웠다. 모던댄스 강의실은 60명 모집인데 정원 초과로 인기 과목이었고 인산인해로 강의실이 만원이고 늦으면 대기자 명단에서 한 학기를 공쳐야 할 정도였다. 파트너가 있으면 연습할 기회가 더러 있었으나 초보에게 손 내미는 여성이 없어 중급반이 부러웠다. 아침 산책하러 가서도 연습하고 초보자끼리 모여 콜라텍도 가고 놀이에 빠진 음악이 있는 세월은 꿀맛이었다. 한 스텝씩 익숙해지고 세련되어지면 신바람에 세상 살다 보니 이런 즐거움도 있었구나! 정신없이 배우고 숙련되어 가자 인생에 흥이 있음에 날마다 즐거웠다.

 옷차림에 신경 쓰고 매무새를 꾸미고 외출하는 남편을 바라보는 아내의 눈빛이 곱지 않았다. 결혼 후 아내의 마음을 아프게 했다. 그렇다고 한창 물오른 놀이를 포기할 수 없어서 아내를 데리고 같이 배우러 다녔다. 아내 역시 좋아해서 열성적이었다. 한동안 콜라텍도 같이 다니며 세상살이가 별것 아니라는 것을 이해하게 되었다. 아마도 그때가 즐겁고 인생에 꽃피는 봄날이 아니었나 싶다.

 어느 날 지인이 컴퓨터 수강과 문학 수강을 하자는 제의를 해왔다. 내가 서예를 한다는 소리를 듣고 그는 인문학을 이해하고 서예를 하는 것과 단순히 글자를 보고 쓰는 차이점을 말해주었다. 보고 쓰는 글씨와 마음으로 그려서 써가는 글씨의 감성은 느껴지는 붓은 다르다는 것을 알려주었다. 그러나 나는 문학이란 문턱도 가보지 않았고 너무나 낯설고 엉뚱해서 난감했다. 지인은 내게 안심을 주려고 그냥 수업 시간에 교수님 강의를 듣기만 하라는 권고가 마지못해 승낙하여 문학 강좌에 등록했다.

지도 선생님은 유명하신 서은 문병란 작가님이셨다. 은발의 중후한 미남에 훤칠한 키, 입에서 거침없이 흘러나온 해박한 지식에 내 몸은 얼어버렸다. 담당 선생님은 숙제로 '시' 한편씩을 써서 제출하면 서평을 하신다고 학기 동안 분발하도록 격려하셨다.

문학은 문외한인 나에게 자기소개한 급우들은 전직 경력과 기성 문인들이 다수였다. 목석처럼 강의를 듣고 2시간 수업이 어떻게 지나간 줄 모르게 기가 죽어 명강의는 소귀에 경 읽기였다.

나도 3년을 배우면 '시' 한 편이라도 쓸 수 있을까? 답답한 마음에 한 학기 종강하는 날 희수의 나이에 등단을 하는 나종호 님의 등단 책을 받았다. 평소에 잘 알던 분이라 낯설지 않았다.

그뿐만 아니라 하모니카도 열성으로 하여 기회만 있으면 연주하길 마다하지 않았다. 시집을 읽고 지인과 함께 시내 도서관을 돌며 골라준 책을 읽었다. 책만 읽은 것이 아니었다. 컴퓨터에서 한글 워드 작성과 문서작업을 해서 문서 보내기를 익히는데 얼마나 고생했는지 모른다. 그러나 때를 놓치지 않고 배워 전자메일 주고받는 것은 시대에 낙오되지 않는 큰 방패가 되었고 얼마나 편리한지 매사에 감사한 시간이었다.

나는 할 수 없다고 포기보다는 일단 부딪치고 해보는 자신감에 불을 붙이는 계기가 되었다. 십 년 연상인 나종호 시인의 시집을 받고 용기를 냈다.

2009년 3월 문학 수업 개강을 했다. 겨울 동안 습작을 했던 시를 선생님께 바쳤다. 다음 주에 화평에서 받은 내가 다시 받은 처녀작의 '시' 작품이다.

문병란 교수님 화평

그리는 꿈은 초록 물결이라
가는 길, 보일 듯 말 듯 갈수록 안개 속
어서 가라 보채는 이 없건만
서산에 드리운 회색 같은 맘을 주워 담는다

어제는 여름 오늘은 단풍
지쳐있는 노을
따뜻하게 품어줄
비둘기는 어디에 있을까?
아직은 내 둥지에
따스한 온기가 남아있어
무수히 잠든 꿈이 새날을 기다린다

이 잠든 꿈을 깨우기 위해
길 없는 길을 여비 없이 떠나서
목이 말라 갈증이 와도
시문詩文을 두드리며 화선지에 먹물을 적신다.

2010년 가을학기 《문학예술》 '시' 신인상으로 등단했다.
대구에서 문학예술 시상식이 2011년 11월 19일 선배 문인들이 동행해서 과분한 축하 꽃다발을 받아 성대한 행사는 감동을 주었다.

나에게 인생 2막이 늦다고 생각했던 문학의 현실이 꿈으로 인도해 주었다. 배움에도 때가 있었고 그럴 때마다 좋은 인연들과 교류는 기쁨과 활력소가 되었고 서은문학은 문학도들로 전성기를 이뤘다.

   3년간 열심히 노력하고 무등산자락 금현리에 부모님 산소를 이장하면서 사계절 밭을 일구어 과수를 심어 잘 자라고 있었다. 주로 감나무와 매화를 심고 가꾸며 봄이면 꽃을 보고 향기를 선물 받았다. 사철 풀과 전쟁도 치르며 벌과 나비를 불러 가을에 황금의 감 수확에 기쁨도 누렸다. 친척과 이웃들에게 인심도 나누고 자연과 늘 가까이하며 순수한 시심은 문학으로 귀결되었다.
   농막에 앉아 시원한 바람에 혼자만의 낭만에 취하여 그때마다 메모하며 키워온 감성은 포만감으로 살이 쪄갔다. 자연 바람이 이마에 땀을 식혀주고 고단한 줄 모르고 사색의 시간은 마음의 영혼이 살이 쪄서 익어가는 희열의 순간이 문학을 성숙시켰다. 밭에 오는 것이 기쁨으로 알고 부모님과 얘기도 하며 슬픈 과거도 위로하고 묘소를 다듬는다. 내가 살아있는 동안 정성을 들이지만 다음 세대를 걱정도 하며 나 역시 어쩔 수 없는 부모로 돌아간다.

   2013년 첫 시집 『느림의 미학』을 출간했다. 발문은 문병란 교수님께서 써 주셨다. 10월 12일 베네치아 2층에서 가족과 지인을 초대하여 조촐한 출판기념회를 했다. 난생처음 해본 출판기념회라 서운한 감도 많았다. 국화 향기 퍼지고 시집에 수록된 시가 여러 사람들에게 읽어지고 나도 해낼 수 있었다는 인내에 감사로 위로를 했다.
   내 생애 꿈만 같았던 출판기념회는 서은문학회원 시 낭송과 문병란 교수님의 축사, 광주문인협회 노창수 회장님 축사, 서예

이월희 선생님 축사에 이어 여러 동인들 앞에서 나의 시를 낭송했다.

아내에게 드리는 헌시를 바친 시다

내 마음의 선물

한겨울 얼음보다 차가웠던 손
모락모락 밥그릇같이
따스하게 잡아준 그대
잊을 수 없습니다

때론 가시 돋친 입술
매몰찬 냉기 살 비집고 들어와도
등잔 밑 같은 진실하나
한 발자국 한 발자국
삶을 사랑하는 마음
배워가고 있습니다

얼음으로 다져진 뗏장 뚫고
고개 드는 새싹처럼
신실한 꽃을 피우려고
혹독한 시련 감내하며
그대를 잊지 못하고 있습니다

고목에 새살 돋는 희열

청춘에 정열 남아 있어
흙 한 줌 바람 한자락 보태
잡초는 제거하고 가꾸어
그 꽃이 활짝 피운 날
그대에게 바치겠습니다.

어떤 일이든 지나고 나면 후회가 남는 법, 행사를 치르고 나면 꼭 서운하고 부족한 점이 드러나기도 했다. 가족들이 잔치에 어울리는 복장을 갖추지 않아 아쉬웠고, 꼭 기다리던 친구 얼굴이 보이지 않았을 땐 내가 무엇을 잘 못 했을까? 반성하는 마음은 나도 사람이란 것을 알게 해줬다.

광주농협 산악회 주관으로 한 달에 한 번씩 정기적으로 나들이를 했다. 산악동우회에 참가하면서 자연이 베풀어준 하늘 아래 골골이 다른 형상을 보여줬다 고장의 색다른 모습은 아름다운 강산에서 얻은 보배들이었다. 보배로운 감동을 문학으로 옮겨졌고 단 한 번도 여행의 소감과 풍경의 느낌을 빼먹지 않았다. 눈으로 보고 발로 걸으며 느끼는 마음의 포만감은 시의 소재가 되었다.

오늘은 어느 곳 어디를 가는지? 복잡한 도시를 벗어나 불어오는 바람부터 틀리다. 봄이면 제일 먼저 피는 매화 살구꽃과 어울린 진달래 울타리에 노란 개나리, 시차를 두고 벚꽃이 지면 배꽃이 여기저기 웃고 일 년 농사의 시작을 알린다. 동네 골목마다 하얀 목련 여기저기 웃고 붉은 동백꽃, 연초록 들녘에 자운영 분홍빛 색시가 입고 나풀거리는 치맛자락이다. 유채꽃 채색은 자연이 그려놓은 그림 아닌 것이 없다.

길을 가다 보면 꽃 안 피는 풀이 없다. 나무는 나무대로 새

옷을 갈아입고 계곡에 흐르는 물소리 산에서 우는 새소리 계절은 눈으로만 오는 것이 아니라 마음에서 교감한다. 여름은 여름대로 가을이면 가을의 풍요로움, 겨울의 시각과 촉각에서 느껴지는 오감이 사람 사는 세상이다. 자연과 함께 어울리며 느끼고 갈무리 된 여행에서 얻은 사색의 충만은 보배의 시간이었다. 그 행복을 선사해준 귀중한 모임에 얻은 결실은 지대하다.

산악회를 다녀와서 시로 옮기는 기쁨은 또 다른 충만의 사색이 영글어가는 시간이다. 가는 곳마다 촉수를 세워 관찰하고 궁금한 것이 있으면 물어서라도 공일로 허비하지 않는 5년 동안의 결과를 모아 제2시집을 발간하게 되었다.

금호문화 취미 프로그램 서예를 배우기 시작했다. 아정 이월희 선생님의 묵향에 젖어 필묵의 깊이에서 재능이기 이전에 소리 없는 언어요, 사상思想이며 광휘光輝의 사명이자 정신적 예술이었다. 아정 선생님의 스승이신 학정 이돈흥 선생님 그분 에게 사사 받을 수 없는 안타까움은 너무 빠른 인연으로 끝나 아쉽다. 내 나이 팔순이 넘자 자꾸 나약해진 마음으로 붓을 놓아야 할지 갈등을 자주 한다. 충전하면서 쉬어가자고 달래나 몸과 마음이 따로 노는 시간에 서성거리고 있다.

2018년 11월 2일 제2시집 『길섶의 숨소리』를 도서출판 현대문예에서 출간했다. 시집 표지 그림도 내가 직접 그린 노송은 부족하지만 내 솜씨다.

2022년 9월 29일 제3시집 『숲에서 얻었던 충만』 표지 소나무 그림도 직접 내가 그렸다. 문인화 공부를 그간 쉬지 않고 배운 보람으로 표지 그림에 경제적인 보탬도 가져왔다. 문학이란 학문의 불모지에서 단비를 내려주고 꽃씨를 심어준 지인의 고마움을 잊지 못할 것이다. 내 인생에 황무지에서 상록수로 자라게 해준 인연들은 모두가 여성분들이다. 인복 중에는 타고난 최상의 복을 누렸다.

시·서·화詩書畵 꿈의 길을 열어가면서 멀기만 했던 길을 빛을 보고 인생에 보람을 안겨줬으니 얼마나 큰 행운이고 축복인지 모른다. 세상은 이런 맛과 멋이 있어 살만하고 어려운 세상 이겨내고 여기까지 왔으니 성공한 인생 잘 살아왔다고 격려해 주고 있다.

광주문인협회와 시인협회 이사로 활동하고 계간지 원고청탁은 쉼 없이 받고 있으니 작가의 반열에는 등록이 된 셈이다. 광주문인협회 주최 북구 시 낭송대회에서 우수상도 탔다. 아침 운동으로 두암동 뒷산 군왕봉을 오르며 시 낭송도 하고 외롭지 않게 했다. 운동해서 지금껏 건강 유지를 하며 소원이던 환갑을 넘기고 팔순을 넘기면서 이만하면 나는 행복한 노후를 가장 보람 있게 준비된 성공한 인생이다. 부모에게 물려받은 건 가난이요 형제간 복도 지지리도 없던 내가 가장 장수를 하고 있다.

내 주변에 지인으로 알려진 마지막 어느 운명 이야기다. 일천억 원이 넘는 재산가의 급성폐렴으로 장례를 치르는데 장례식장에 부인도 없고 아들과 딸 달랑 다섯 명, 그 흔한 조화 하나 없이 조문객의 그림자 하나도 없었단다. 관 뚜껑을 닫는 마지막 가는 길을 전해 듣고 인생은 어떻게 살다 가야 하는지를 뒤돌아보게

한 삶이다. 그 사람의 일생이 너무 못나고 가련 하는데 너무 불쌍하다. 염라대왕이 아마도 모아둔 재산 다 쓰고 오라고 이승으로 보낼 줄 모르겠으나 아쉽지만 나는 그 사람 얼굴을 알지 못하니 궁상을 떨고 있다.

문인화 수업 금호평생교육 프로그램은 우선순위를 꼭 정해서 꼭 필요한 과목에 시간을 할애했다. 늙어가는 나이에 신체적 한계와 지금 순간 최선의 시간에 노력하고 정진해야 할지를 정리했다. 송담 김송자 선생님은 열정적 가르침과 독려는 초보자를 정신 못 차리게 했다. 온후한 성품에도 학구열이 대단하시었다.

사군자의 선비정신과 조상들의 정신이 뿌리박힌 독특한 민족의 그림, 매난국죽梅蘭菊竹 순서지만 선생님은 난죽매국蘭竹梅菊 순서로 지도하셨다. 사계절이 뚜렷한 환경 아래 봄은 東, 여름은 南, 가을은 西, 겨울은 北의 시간적 번역을 의미하기 때문이며, 난죽매국이란 순서는 남은 노양老陽, 북은 노음老陰, 동은 소양少陽, 서는 소음少陰의 공간적 불역不易을 의미하는 습화(習畵)의 순서 때문이다.

선비 사상의 충절을 의미하는 매화는 인仁, 국화는 의義, 난초는 예禮, 대나무는 지智를 높이 보는 것이다. 기본적인 조형 실습을 통하여 정신세계를 터득해갔다. 즐거운 마음으로 난을 그리고 노여운 마음으로 죽을 친다고 하였다. 무아의 경지에 몰입은 몸과 마음을 통일하며 연습하지 않고는 그 맑은 운韻과 그윽한 뜻을 표현할 수 없다고 하였다.

매 순간 준비 안 된 나는 도전 작품을 제출 자체는 불가한 생도였다. 선생님의 독촉은 하면 된다고 격려로 노력한 결과 첫 출품은 2013년 10월 19일 한국예술문화협회에 입선하여 큰 보람과 성취감을 느꼈다. 그 자신감은 문인화에 흥미를 느끼고 재미를 느껴서 작품을 내는 대로 상복까지 보태져 겁 없는 내 인생에 또 한 축의 영애와 이력을 쌓았다.
 송담 선생님의 문인화 지도에 이뤄낸 나의 성적표다.

- 한국예술문화협회 31회 문인화 부문 입선 동상
- 한국예술문화협회 32회 문인화 부문 추천작가
- 한국예술문화협회 33회 문인화 부문 초대작가
- 어등미술대전 문인화 부문 우수상 특선 입선
- 전라남도미술대전 문인화 부문 입선 3회
- 광주광역시미술대전 문인화 부문 입선
- 전국소치미술대전 문인화 부문 입선
- 한국서가협회 문인화 부문 입선

 송담 선생님께서 붓끝에 불을 지펴 붓꽃으로 피어났다. 배움과 사제 간에도 인연이 깊어 기회가 주어져 운도 따르는 법 처음에는 실력이 안 되어 불평도 하고 열심히 지도하신 대로 노력하다 보니 이런 영광도 주어졌다.
 화순 동면 선생님 화실까지 찾아가서 배움을 청했고 청아한 매화차에 맑고 정갈한 마음을 다 잡아 주셨다. 그윽한 한 방울의 향에 배인 선생님의 심오한 예술의 혼을 담아오고 정신을 닮으려고 붓끝에 내 혼신을 쏟았다.
 2017년 7월 24일 대한민국미술대전 서예 부문 특선통보를 밤 9시에 받았다. 특선 입상자는 대한민국미술협회 서울 목동 사무실에서 휘호를 직접 써야 한다. 지방에 사는 나는 실로 난감했다. 첩보전을 방불케 하여 학원에 가서 보관된 낙관을 찾아 농성동 지하철역에서 아정 선생님을 만나 출품원고 사진을 받아가지고 집에 도착하니 밤 12시였다. 휘호 현장에 가지고 갈 준비물로 방석과 벼루, 먹, 붓, 습작품을 챙겨놓고서야 잠을 자고 새벽 4시에 일어나 고속버스 첫차를 타고 강남고속터미널에 오전 11시에 도착하였다. 목동 한국예술협회 휘호장에는 전국의 특선작가들로 이미 장사진이었다. 차례의 접수를 해놓고 차례가 되어 방석을 펼치는데 너무 비좁았다. 처음 첫 장은 실패하고 낙관 찍은 화선지를 재발급받아서 과거시험을 보는 과장이 따로 없었다. 떨리는 마음으로 간신이 써내고 초조하게 기다릴 아정 선생님께 휘호를 써냈다고 전화를 드렸다. 다급했던 순간과 그 과정이 치열했는지 긴장이 풀려 다리가 후들거리고 피로가 한꺼번에 밀려왔다.

처음에 입선할 때는 흥분되고 기뻤지만 상운이 있어 거듭되어 무게가 실리자 짐이 무거워졌다. 아정 선생님의 은사이신 학정 선생님과 함께 자리를 할 수 있어 큰 영광이었으나 그리도 빨리 가실 줄은 몰랐다. 수상을 하고 학원에서 조촐한 축하연은 화기애애하고 할 수 있다는 용기를 심어주고 분발하는 계기도 되어 주어 자긍심을 키우는 산실이 되기도 했다.

기쁨 뒤에는 괴로움도 뒤따랐다. 2008년 10월 3일 대한민국 예술협회 서예 입선 금호평생교육관에서 조촐한 축하주를 나누고 운동도 하고 기분 좋게 잠이 들었다. 자정이 되자 허리에 통증이 심해 움직일 수가 없었다. 낮 동안 멀쩡하던 허리가 중환자가 되었다. 일요일이라 문을 여는 병원이 없어 수소문하여 백운동 외곽지역에 정형외과에서 진통제 주사를 맞고 통증이 멎자 귀가하였다. 오후 4시쯤 되자 진통제 효과가 떨어졌는지 통증이 심해 뜬눈으로 밤을 샜다.

　집 가까운 우리병원에서 MRI 촬영과 CT 촬영, 외과 내과 검사를 마치고 입원하였다. 입원하는지 2시간도 안 되었는데 우리병원 측에서 이송을 권고했다. 전신으로 염증이 번져서 치료가 어렵다고 판단해서 내려진 조처였다.
　전남대학병원으로 옮겨서 또다시 검사에 들어갔다. 검사 결과 척추에 염증이 생겨 당장 수술을 해야만 한다고 했다. 장남과 딸이 와서 척추 전문 상무지구 우리병원으로 옮기자고 했으나 대학병원 담당 의사 의견을 듣고 더 생각한 뒤, 수술 결정을 하자고 했다. 호남에서 제일 의술이 좋은 대학병원에서 하자고 최종 결정을 냈다. 세밀히 알아보는 3일 동안 통증으로 참을 수가 없어 차라리 죽는 게 낫다고 생각을 했다.

　수술하고 염증 수치가 떨어져야 퇴원을 하는데 수술하고 난 후 염증 수치가 28, 얼마나 고통스러웠는지 한 달이 되어도 염증 수치가 18에서 떨어지지 않고 암 환자도 일주일이면 퇴원을 하는데 45일 동안 중환자실에서 벗어나지 못했다. 병실에서 환자의 고통은 소변이 나와도 며느리가 간병하면 민망해서 말이 나오지 않는다. 죽만 먹으니 변비로 열흘이 되어도 화장실을 못 갈 때 괴로움이 컸다. 6층 중환자실은 생사의 갈림길에서 고통의 소리도 애절했다.

　명이 다해 영안실로 옮겨지는 사람, 그러나 나는 살 수 있다는 희망이 있는 사람이라 용기를 얻었다. 서서히 운동도 하고 독서도 하면서 인생의 한고비를 넘어갔다. 척추 회복은 빨라서 일상의 일을 하는데 큰 지장은 없어 해오던 공부는 지속할 수 있어 매일 감사하 면서 살아낸다.

나의 배움은 연필 스케치, 민화, 캘리그라피로 이어지고 있다.

광산구 월곡동 서예학원 오고 가는 시간이 3시간이 넘는다. 그래도 일주일에 3~4일은 나가서 다리와 팔을 달래가며 국전지 넉장을 임서하는 인내를 멈추지 않는다. 2023년 뒤 따라오는 후진들을 위해 작품출품을 않고 맘을 내려놓으니 부담은 없으나 쓸쓸하고 허전한 마음은 고령이 된 외톨이가 된 듯 슬프기도 하다.

기쁨

2022년 한국문학인대사전에 시인으로 등재
2024년 9월 한실문예창작 성스런문학회 회원
2025년 《문학공간》 시조 신인상 당선.

노년의 훈풍이 불었다.

어등미술제 우수상

제11장
여정에서 만났던 인연들

스쳐 간 인연들
인은 어쩔 수 없고
연은 노력의 힘으로

운명은 우리가 가야 할 길이고
숙명은 우리가 가야 할 곳이다.

11. 여정에서 만났던 인연들

　나는 내성적이고 사교적이지 못했으나 그렇다고 대인관계를 소홀히 하지는 않았다. 청동회 초등학교 모임을 하면서 유사를 정해가며 만나 처음에는 가정에서 장만한 음식을 먹으면서 추억담을 하며 화기애애한 모임이었다. 군대를 갔다 온 직후라 모두가 사회인으로 활동하고 있었다.
　노의웅이 회장을 하면서 동성여자상고에 재직하고 있었다. 열심히 공부해서 선생님이 되었는데 나는 건설 현장에서 중노동 기술자로 일하고 있었다. 다양한 직장을 가지고 있었으나 모두가 열심히 살고 있었다. 10년 후에 만났을 때 노의웅 친구는 호남대학교 미대 교수가 되었다. 인생은 얼마나 노력하느냐에 따라 목표를 달성할 수 있다는 것을 보여주었다.

　예비군소대장을 하면서 조직된 군왕회는 회장에 장동열 내가 총무를 33년간 맡았다. 김광수, 추승옥, 정쌍주, 장남익은 친형제처럼 우정을 다지며 부부 동반 여행이나 애경사에 아낌없는 도움과 우정을 나눠왔다. 허물없이 지내던 모임도 세월이 흐르니 하나둘씩 이승을 떠나거나 개인 사정으로 모임은 해산되었다. 영원하리라 믿었던 다정한 우정도 금이 가고 얼굴마저 희미해 소식이

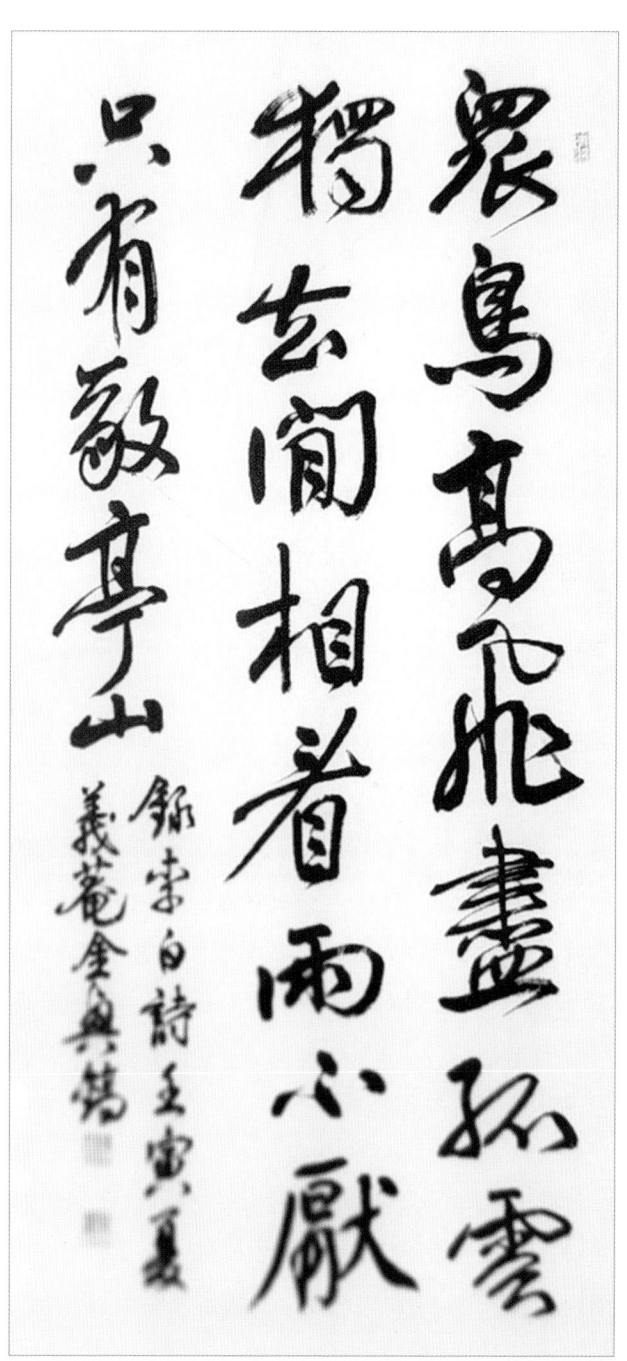

광주미술대전
추천작가

끊긴 지 오래여서 인생 허무함을 느낀다.

　도원회는 집산集山 김성규, 초은蕉隱 김영진, 퇴재退齋 김태중, 의암義菴 김흥호 이렇게 네 분이 모임을 가졌다. 집산 어른은 나보다 19년 연상이시고 한학을 하신 분이라 예의범절이며 많은 가르침을 받았다. 초은 선생은 전남도청에 근무하시다 개인 사정으로 초야에서 학문과 인생 수업 서예도 하시는 인격을 두루 갖춘 훌륭한 분이었다. 그분들 가운데 유일하게 나이가 비슷한 퇴재는 과거를 청산하고 새 출발 하는 친구였다. 모임에 흥이 나면 집산 어른과 초은 선생은 한시를 읊으시고 나는 경청하는 것으로 만족해야 했다. 지금은 다시 뵐 수 없는 그리움에 사무칠 뿐이다.

　사회생활을 하면서 친목회를 가졌는데 20여 년 상부상조하며 어머님은 자신 아들인 양 반기며 좋아하셨다. 송진수, 이회근, 강영화. 윤갑종, 나 다섯이 같은 일을 하는 친구여서 마음이 통하고 부부 동반으로 모임을 가졌다. 그중에 강영화는 유독 친하게 지내며 마음을 털어놓고 얘기를 나누었다. 흥호가 없으면 광주에 살아야 할 이유가 없다고 했으나 안타깝게도 1991년 여름 돌연사를 해서 충격이 컸었다. 그 친구의 딸이 하나 있었는데 지금쯤 어디서 잘 살고 있는지 벌써 삼십여 년이 훌쩍 지난 세월 무엇이 그리도 바빠서 먼저 갔는지 아쉬움이 친구의 모습이 떠오르면 눈시울이 뜨거워진다.

　사람이 죽고 사는 명이 정해져 있어 어쩔 수 없다 해도 나의 부모님이 어린 자식 6남매를 땅에 묻은 심정이 얼마나 참담하고 가슴이 아프셨을지 가름이 안 된다. 나 역시 40대에 건강이 안

평화로운 마을

좋아 60까지만 살게 해달라고 애원하며 살아오다 내 앞에서 남동생 형제와 누나 두 분을 먼저 보내고 나 혼자 남은 삶의 여정이 허허벌판 외기러기다. 더욱이 아내의 건강도 근근이 버티고 있어 매일 눈 뜨면 감사하고 있다.

소득은 없고 한 달에 정기적으로 병원에 갔다 낸 치료비와 건강 유지비는 벅찬 비용이다. 원래 재복은 없어도 남에게 신세 지지 않고 자식들에게 짐이 되지 않으려고 노력하고 근검하게 살아도 지켜야 할 도리는 지키며 살고 있어 미안하다는 마음을 남겨두고 후회하지 않고 살아내고 있다.

나를 스쳐 간 인연因緣들. 인因은 직접적인 원인이요, 연緣은 간접적인 연이라고 한다. 인因은 사람의 힘으로 어쩔 수 없고 연緣은 자기의 노력과 힘으로 만들어 간다는 뜻이기도 하다. 인연에는 인과 연이 있듯, 태어날 때 정해진 운運과 명命이다.
운이 좋은 사람도 있고 나쁜 사람도 있다. 한번 받은 명命은 좋고 나쁜 사람 없이 평등하다. 운運은 앞날을 예측할 수는 있으나 명命은 모두 예측할 수 없다. 명에 따라 미래가 바뀌기 때문이다.
그래서 운명運命을 좇아선 안 되며 숙명宿命을 좇아야 한다. 운명은 우리가 가야 할 '길'이고 숙명은 우리가 가야 할 '곳'이다. 인간은 가야 할 곳이 정해졌으나 운명에는 이르는 길이 다르다.
나의 부모님은 11남매를 두셨지만 어릴 때 6남매를 부모 가슴에 묻었다. 남은 오 남매 역시 나이 순서대로 가야 했지만, 큰누나만 운명하시고 두 남동생과 작은누나는 무엇이 바빴는지 내 눈앞에서 한사코 지름길만 택했다.

풍경 스케치

내 나이 팔순이 지나고 보니 어릴 적 친구들 모임의 숫자도 해마다 줄어들다 코로나로 그나마 여섯 명 남은 모임도 중단되었다.

군왕회는 예비군소대장을 하면서 1977년부터 2010년까지 33년간을 부부 동반 하여 여행도 다니면서 친목을 다져왔으나 나이 들어 병들고 고인이 늘어나자 해산을 하게 되자 인생무상을 느낀다. 젊어서 술과 노래를 부르며 부풀었던 청춘 시절 총무로 33년을 맡아 이끌어 온 우정의 끈이 쉽게 풀려나갔다. 영원할 것 같던 우정도 세월 앞에는 허무한 그리움만 내 눈의 시력만큼이나 희미해졌다.

도원회는 집산 김성규 어른과 초은 김영진, 퇴재 김태중은 나보다 연상으로 학식과 인품을 두루 갖추신 분들이다. 덕망과 인격을 갖추신 사회 대선배님 옆에서 더 배우고 본받아야 할 후배로 복이 없는 셈이다. 내 옆에는 스승이 없어 삭막한 이기주의가 팽배하여 물질은 풍요롭지만, 정신세계는 조급하여 각박한 세상이 두렵다. 울타리가 없어도 개 밥그릇 하나도 없어지지 않고 울타리 넘어 오고 가는 정이 그립다.

제12장
고목나무에도 꽃이 피는가

산하나 넘고 나면 고개가 기다리고
돌아가자니 왔던 길이 황량하다.

백수가 과로한다는 우스운 소리가
진담이 될 만큼 분주해졌다.

12. 고목나무에도 꽃이 피는가

우리 국민은 8·15해방 전만 하더라도 배만 부르면 살겠단 생각이 국민 대다수의 처지였다. 6·25동란에는 목숨만 붙어있고 가족과 헤어지지 않으면 불행 중 다행이었다. 살기 위해서 땅을 파고 전답을 일구어 가족을 지켜내고 허리띠 졸라매며 자식을 가르쳤다. 우리 선조들이 그러하였듯 나도 손발에 굳은살이 박힐 만큼 노동일을 해왔다. 내 나이 40대에 건강이 안 좋아 더도 덜도 말고 막내아들 대학 졸업시킬 때까지만 살게 해달라고 빌었다.

2003년 내가 회갑을 맞이했다. 남다른 감회가 깊었다. 흘려온 땀과 닥쳐온 고난에 굴하지 않고 버텨온 세월에 눈물이 나서 가족들이 즐거워하는 날 내내 눈은 충혈되었다. 회갑을 지내고 새로운 결심을 했다. 이제부터 내 인생을 살자! 나는 막상 각오는 했지만 어디서부터 시작할지가 막연했다.

금호평생교육 취미 프로그램에 관심을 가졌다. 처음 가는 길에 용기는 냈지만 너무나 생소하고 두려웠다. 첫 시간 자기소개를 할 때부터 새(鵲) 가슴이 되었으나 소박한 진실로 인사를 했다. 지도 강사님 약력에 주눅이 들었지만, 나이에 비해 정열적인 모습 이

뿌리

부러웠다. 같은 동료들의 따뜻한 배려 또한 포근하였다. 사회모임에서 볼 수 없었던 품격을 지니고 있어 절로 매무새를 다듬었다. 초보자에게 성의껏 도와주고 가르침을 주는 선배들의 관심으로 떨리는 손으로 한일자 필법을 익히는데 그렇게 어려웠다. 단계마다 즐거운 마음으로 열정을 쏟아부었다.

다른 사람보다는 모든 조건에서 시작과 역량이 부족했다. 부족한 나 자신을 극복하려고 더 노력했기에 드디어 2005년 광주광역시미술대전에서 서예 부문 입선이라는 벅찬 영예는 열심히 하면은 된다는 희망을 안겨주었다.

그 서예의 불꽃은 꺼지지 않고 계속되어 2022년 추천작가 반열에 올랐다.

진종일 붓만 잡은 것이 아니라 운동도 필요하였다. 기왕에 운동하려면 즐겁고 신나는 것이 없을까? 종목을 찾다가 모던댄스를 하려고 접수하려는데 수강자가 많아 눈치와 노력이 필요했다.

댄스는 음악 리듬에 따라 움직이고 여성 파트너가 있어 운동으로 좋았다. 남녀 각각 삼십 명이 짝을 이뤄 돌아가며 손을 바꾸는데 거기에도 질서와 예의가 있어 인격이 한눈에 보였다. 내형적인 사람보다 외향적인 사람들은 진도가 빨랐다. 나는 우리 집이 동네 앞 남향 진 곳이라 명절 때면 동네 굿판으로 마당이 항상 즐거워 자연스레 굿판에 어울렸던 흥이 내 안에 꿈틀 거렸던지 춤과 리듬은 그리 낯설지 않았다.

일주일에 한 번 있는 모던댄스 수업은 서예를 하는데 별 지장을 주지 않았다. 즐거운 시간은 춤추는 시간이 더 기다려지고 점점 재미는 사람이 살아가는 희열도 주었다. 외모에도 신경을 더 쓰고

추워도 봄은 온다

새벽 산책하러 가서도 서툰 박자 연습을 하며 하루해가 어떻게 가는지 모르게 즐거움은 흥분 자체였다. 오전에는 서예 공부하다 오후 시간만 되면 문화센터 동호회원이 모이는 강습소에서 모여 음악에 맞춰 스텝을 익히는데 세월 간 줄 몰랐다. 즐거운 놀이에 도낏자루 썩는 줄 모르게 달콤한 때였다.

봄 학기가 끝나갈 무렵 가을학기 접수가 시작되던 때 모던 댄스를 배우던 회원과 차를 마시며 담소를 나누다 내가 서예를 하고 있다는 것을 알고 문학 강좌에 접수를 해보라고 권유를 받았다. 문학으로 화제를 바꾸자 나는 당황했다. 문학은 나에게 너무 생소한 과목이었고 내가 살아온 정서상 거리가 멀었다. 지인은 차분하게 문학을 해야만 하는 이유를 말했다. 서예는 한시 漢詩를 소재로 삼아 글씨를 써야 하는데 시제에 함축된 의미를 알고 쓰는 것과 시제만 보고 그리는 차이점을 말해 주었다. 나는 일단 지인과 함께하는 시간이 좋았고 등록하고 강의는 듣기만 하라는 권유에 마지못해 응했다.

금호문화 문학 강좌는 당시 유명하신 문병란 교수님이었다. 첫 시간은 인사 소개를 나누는데 문학에 조예가 있을 뿐 아니라 대부분 회원은 전직 교사 출신이었다. 지도 강사 선생님은 준수한 외모에 해박한 문학 수업은 막힘이 없었고 듣고 있는 자체만 해도 흥미롭고 존경스러웠다. 거기에는 금호문화프로그램 여러 강좌에는 열심히 다니신 어른도 계셨다. 수업 두 시간이 어떻게 지나간 줄도 모르게 지나갔고 지인의 격려에 힘입어 수업 시간에 열심히 다녔다. 너무나 생소한 문학 수업이지만 사람 사는 이야기이고 점점 흥미를 느끼는 나 자신이 즐거웠다.

부모님 산소 이장을 하면서 광주댐 부근 금현리에 농원이 있었다. 부모님 묘소 둘레도 철쭉과 푸른 잔디로 입혀 문안 인사를 올린다. 문학을 하면서 그곳에 가면 계절 따라 피는 여러 유실수 꽃을 보아도 새들의 소리와 풀꽃을 봐도 예사롭지 않았다. 감나무에 약을 치고 매화나무에 전지하다 농막에서 쉴 때도 불어오는 바람의 느낌도 달랐고, 시와 연관되지 않는 것이 없이 자연이 친구요 스승이었다. 울타리 밑에 언제 와서 뿌리를 내리고 수줍은 소녀처럼 생긋 웃는 보라색 야생도라지꽃, 농막 계단 응달진 곳에 의기양양한 노란 민들레, 다양한 풀들은 꽃이 피지 않는 것이 없고 제 몫을 다하는 풀을 보며 자연의 고귀함과 신비를 배웠다.

일주일에 '시' 한 편씩을 써내라는 교수님의 지시대로 학생으로 본분은 다 해야겠기에 숙제는 해갔다. 지인은 다시 나에게 인터넷을 익히고 컴퓨터워드를 사용할 줄 알아야 메일 발송도 하고 작품을 디지털로 저장해야 한다고 강조해서 컴퓨터 수업도 참가했다.

처음 접해보는 외국 문화에 그야말로 한꺼번에 몰아치는 소용돌이에 적응하는 수련은 힘들게 돌을 쌓는 일보다 더 고단했다. 지금 해내지 않으면 시대에 낙오가 된다는 문화의 충돌을 자각했기에 견디며 배우고자 노력했다. 다행히 막내가 쓰던 컴퓨터 장비가 있었기에 어려움은 없었다. 그래도 하다가 막히면 바쁜 딸을 불러서 해결하는데 알고 보면 간단한 것도 뭐가 그리 어려워 딸이 가고 나면 민망했다. 어정쩡하게 태어난 것이 죄라면 죄였다. 자존심이 상하고 독수리 타법으로 한자씩 만들어 프린트로 출력하다 보면 단순한 것도 클릭 한번 잘못하면 먼저처럼 자취를 감춰버렸다. 사라진 문서를 찾다 황당한 경험이 쌓이고 거듭하고 나서야 기계의 두려움에서 벗어났다.

컴퓨터는 귀신같이 정확해서 거짓말을 하지 않는다. 주인이 시킨 대로 할 뿐으로 나의 변명이 통하지 않아 기계를 발명한 인재들에게 저절로 감탄했다. 시행착오가 선생으로 실패를 거듭 하고 그 고비를 넘겨야 비로소 내 것이 되었다.

어려운 산 하나를 넘고 나면 고개가 기다리고 돌아가자니 왔던 길이 더 황량하였다. 그러나 고비마다 포기하지 않았기에 문학단체에서 원고를 때에 발송하여 내 도리를 다하고 있다.

백수가 과로한다는 항간에 우스운 소리가 진담이 될 만큼 분주해졌다. 젊어서 평생 습관이 되어 온 나의 일상은 새벽 3시 전에 일어나 붓을 잡고 연습한다. 묵향을 맡은 향기를 머금고 아침 운동을 하러 나간다. 두암동 체육공원이나 군왕봉을 오르기를 30년이 넘는다. 6시 반까지 돌아와 아침 식사를 마치면 하루 일정은 시작된다. 이런 규칙적인 습관은 평생 같이해오니 불편은 없었다. 다만 몸이 아파 힘들어도 다리를 이끌고 나가면 갈 때는 울고 가도 오면 몸이 가벼워 걷기가 오늘날까지 건강 유지를 해주고 있다.

취미로 시작한 서예, 문학, 컴퓨터 강의에 열중했다. 자연스럽게 오락성에 가까운 취미는 멀리했고 한 과목마다 열매가 성과로 이어지는 보람이 나이 들어도 할 수 있다는 자신감에 만족은 배가 되었다.

나의 생활의 행운은 여복이 참 많았나 보다. 나의 반려자 문정자 여사도 큰 언덕이요, 둥지를 지켜준 천성이 선하고 고마운 배필이었다.

환갑을 넘어 인생의 스승으로 붓과 결혼한 서예 아정 선생님이시다. 평생을 필묵에 바치신 서예 선생님! 그분의 지도와 가르침으로 17번의 특선과 입선의 영광은 추천작가로 대우를 어찌 받을 수 있겠는가! 그분은 수려한 외모에 묵향이 가득 배인 학정 선생님의 수제자로 국전 초대작가이시다. 훌륭한 스승을 만난 것도 나의 일생일대의 복이다. 그 스승의 덕성을 믿고 실력을 닮으려는 학자다운 믿음을 주었다.

문학이란 단어조차 생소하게만 느꼈던 문학의 길로 인도하고 배려해준 덕에 광주농협산악회에서 매월 가는 정규산행이 십여 년이 넘는다. 그 십여 년 동안 일만 원 회비로 얻어진 값진 기회였다. 농협산악회에 베푼 여행은 산천의 자연풍광을 보석 같은 추억을 엮어 시詩가 5백 수가 넘었다. 십여 년을 두루 다닌 산천의 모습을 노래한 제3시집을 출간하였다.

어디를 가도 나는 아저씨가 아니라 평생을 배우는 선생님으로 호칭이 바뀌었다. 나의 손자들에게도 할아버지는 서예가와 문인화가며 시인이라고 자랑을 한단다. 나의 뒷모습은 부끄럽지 않게 옷깃을 여미며 그릇에 맞는 품위를 지키게 하고 제3시집을 출간하게 해준 이도 여성이다.

나의 아내 역시도 기력 없는 몸으로 남편의 뒷모습을 보고 돈이 생기는 일도 아닌데 또아리 틀고 앉아 있는 모습을 보고 짜증이 한두 번 아니었으랴만, 이웃집 사람들과 모이는 곳에서는 남편이

출품만 하면 상을 탄다는 자랑이 담 넘어 들렸다. 수많은 날 잘 참아주고 지켜봐 준 고마움도 큰 덕이라 믿는다.

또한 문인화로 정상의 대열에 오르게 인자한 송담 선생님도 여성이시다. 아마 송담 선생님의 채찍과 강한 흡인력이 없었다면 과분한 상복의 기회는 없었으리라, 사공은 올 때 노를 저어라는 말이 실감 나고 힘들지만, 기회를 놓치지 않고 노력했던 결과가 아닌가 싶다.

이런 결과를 볼 때 인생 후반은 여복이 많다고 장담할 만큼 고마운 행운이었고 인품이 좋은 인연을 만났기에 내 인생이 행복하게 빛날 수 있었던 큰 요인이었다.

인생 여정에 고마운 분들께 행여 어긋난 행동과 서운한 마음을 드리지 않도록 미력한 정성과 도리를 다했다. 돌아서서 후회하지 않으려고 살아냈지만 미혹하고 어리석은 염치가 남았더라도 나는 그분들의 지고한 인품을 믿어 안심하고 떠날 수 있다고 의심치 않는다.

젊은 시절에는 가난에서 벗어나는 것이 소원이었고 부모나 형제복도 없어 슬픔과 좌절만 곱씹었던 서글프고 애잔한 세월, 내 앞일도 산 넘어 산인데 문중사에 매달리고 지금도 그 짐에서 벗어나지 못한 후손의 무게가 과분하다. 몸으로 벌어 가족을 지켜내야 했고 가녀린 아내는 육신의 병마가 무시로 안타까워 4남매를 부양할 때까지만 책임만 벗어나게 해달라고 빌었던 간절한 소원이었다.

혈육들은 고희도 못 넘기고 무엇이 그리 급한지 먼저 떠났다.

홀로 남아 팔순을 넘기면서 회한만 남아 쓸쓸한 노후를 보낼 줄 알았다. 주어진 환경에 자족하면서 노력한 후반기 내 인생도 고목에 향기 나는 꽃만 피었다. 꽃과 열매는 맵고 달기도 하였지만, 결실이 주렁주렁 열렸다. 육신의 병도 달래어 함께 늙어가며 북풍한설에 고고하게 피어난 설중매를 보며 나를 어루만진다. 혹독한 자연에서 꽃을 피우고 열매를 맺는 자연의 고귀함에서 5백 편이 넘는 '시'를 지었고 마음을 보배로 풍요를 얻었다. 산악회를 다니면서 아직은 걸을 수 있어 다행이고 눈을 뜰 수 있어 아름다운 고장의 다른 멋을 보았다. 내 생전에 다시 와서 보지 못하리란 아쉬움과 고마움에 눈시울이 붉었고 여행에서 돌아와 시를 다듬고 원고정리를 하는 즐거움, 손을 따라 컴퓨터워드를 치며 글을 쓰는 내 인생에 나무는 늘 봄을 맞이한 동백꽃처럼 푸르고 핏빛보다 진한 정열적인 봉오리 심연을 교감하였다.

나는 때를 찾아오는 기회를 놓치지 않고 과분한 복을 찾아 담았다. 매사에 적극적으로 참여하고 한 가지라도 건강이 허락할 때 배우려고 연필 스케치로 정물을 그리며 명암을 넣고 연필 한 자루로 화가가 되기도 한다. 요즘 유행인 캘리그라피로 한글의 오묘한 손 글씨체를 써보는 다양한 서체의 흥미는 또 다른 취미로 자리를 잡고 있다. 고풍스런 민화에 색깔을 칠하여 물감의 농도에 따라 그림의 윤곽이 할수록 어려워도 작품에 완성도가 높아질수록 보람을 느낀다. 엽서나 봉투에도 직접 그림을 그려 채색까지 해서 손자에게 용돈도 담아주면 할아버지 주가는 더 올라간다.

지금 세상은 물질적으로 생활이 어렵다고 하나 요즈음 세대같이 좋은 세상은 없다. 교통은 사통팔달로 전국이 일일생활권이요, 신발만 신고 나서면 편의점에 주민복지시설이 잘되어 있으니 불만을 할 것 없다. 자유스럽고 내가 기본만 지키면 누가 나를 간섭하겠는가? 내 의무를 한 다음에 요구와 권리를 주장하는 것이 맞다.

인생 후반에 노욕을 버려야 하면서도 배움이 꿈틀거려 한실문예창작 성스런문학회 문을 두드렸다. 박덕은 교수님 강의 매력에 빠져 시조에 눈을 떴다. 2025년 6월 《문학공간》 시조 신인상으로 등단했다.
노을을 보듬고 자신의 종아리에 채찍질한다.

自敍傳

제13장
육신의 무게

몸에 병 없기를 바라지 말고
시작을 하되 쉽게 생각지 말고

친구를 사귀되
의리와 순결을 지켜라.

13. 육신의 무게

《보왕삼매론》이란 불교 경전이 있다. 나는 종교를 떠나 법정 스님께서 생전에 강의하신 대목이 교훈으로 남아 옮겨본다.

우리가 사는 세상은 극락도 지옥도 아닌 "사바세계"입니다. 즉 참고 견디는 세상이기에 거기에 삶의 묘미가 있습니다. 보왕삼매론은 이런 사바세계를 살아가면서 어떤 마음가짐으로 살아야 할 것인가를 옛 선사들은 교훈을 얘기한 것이다. 자기관리에 대한 일종의 처세라고 할 수 있다.

그 삼매론 경전은 10중 4개만이라도 지키려고 애를 쓴다.

첫째는 몸에 병이 없기를 바라지 말고
둘째는 일을 꽤 하되 쉽게 되기를 바라지 말고
셋째는 친구를 사귀되 이익만 생각지 말고 의리와 순결을 지켜라
넷째는 억울함을 당했을 때 밝히려 말고 수행으로 삼아라.

1973년 둘째 동생 근호가 육군 만기제대 하여 결혼식을 올려주었다. 형편대로 이웃에 방을 얻어 분가를 시켜주었다. 삼 남매를

천년 부부송

낳아 한동안 자립해서 사는가 했더니 어느 날 갑자기 처갓집으로 이사를 간다고 했다. 극구 말렸건만 처가살이하다 3년 만에 빈털터리로 돌아왔다. 이웃에 살면서 제수씨도 일자릴 얻어 출근하고 동생도 열심히 일하는가 싶더니 남매를 아내에게 맡기고 도망치듯 말 한마디 없이 떠나버렸다. 건강도 안 좋은 아내는 짐을 보탰다. 엎친 데, 덮친 격으로 병원 입원과 퇴원을 반복해가며 20여 년 병치레하면서도 시어머니 극진히 모시고 4남매를 낳고 키워서 출가를 시키는 일을 해냈다. 심신의 고통을 겪은 아내는 더욱 선해지고 마음이 따뜻했다. 못 해준 자식들에게 더 애잔해서 사랑으로 감싸고 배려하는 마음이 고왔다. 병을 낫아보려고 교회에 다니면서 보증 선 채무를 혼자 이행하면서 얼마나 고통스러웠어도 탓하지 않고 내 탓으로 돌리며 견디어 냈다.

막내 시동생이 제대하고 새로 출발할 때도 10년 적금 부은 것을 아낌없이 돕고 인복 없는 남편의 화까지 항상 덤으로 받으면서 인고를 겪었다. 빚을 내서 개업해준 양복점도 파산하고 주식한다며 대책 없이 빌려 간 돈까지 갚아주었는데 이혼하자 남편에게 탓 한번 하지 않고 감내하며 우애를 지켜 준 아내였다.

시동생의 폐단으로 크고 작은 불상사는 동네 사람들 보기가 부끄러웠다. 심마니가 된 시동생은 마지막 가는 인생의 비극까지 삼키게 한 나는 큰 죄인이었다.

아내는 친족 간의 우애도 남달랐고 자자일촌 하는 동네에서 허물없이 묵묵히 감당하고 사회생활에 오가는 손님들에게도 불평 없이 잘해 주었다. 그래서 내가 주어진 일에 몰두하고 열심히 살아냈다. 가정이 편안하면 내 일에도 집중할 수 있었으나 아내의 몸은 항상 근심거리였다. 십 년 가깝게 교회에 나가 기도에 매달린 우리에게 가계 파탄 위기까지 겪으며, 조카 둘에 4남매와 노모를 모시며 살아내야만 하는 나는 울 자유도 죽을 권리도 없는 참담한 현실 속에 아내는 입원과 퇴원을 하는 불운이 감고 돌았다. 나에게 지어진 삶의 무게가 너무 컸기에 살아내야만 했다. 그런 와중에 연로하신 어머님께서 병환이 나셨다. 그때 제수씨 두 분이 있고 누나가 옆에 살았지만, 어머님 간호도 아내 혼자의 몫이었다. 아내의 극진한 간호를 일 년간 받고 우리 곁을 곱게 떠나셨다.

 2003년 3월 나에게는 금호평생교육관 서예 입문을 시작으로 꽃피는 봄날이 지속되었다. 연이어 터지는 상복에 입선작가 반열에 오르고 대한민국미술대전 서예 부문 특선까지 부러움을 한 몸에 받고 살았다.

 2008년 토요일 오후 운동까지 기분 좋게 하고 귀가하여 잠을 자다 자정쯤 허리통증이 심해 중환자 신세가 되고 말았다. 날이 새도 일요일이라 찾아갈 병원이 없었고 백운동 외곽의 정형외과가 문을 열어 진통제를 맞고 귀가했다. 진통제의 효능이 4시간이 지나자 다시 통증이 시작되어 고통으로 밤을 새웠다. 날이 밝자 우산동 우리병원으로 갔다. 내과 외과 검사와 CT 촬영, MRI 촬영을 하고 입원한 지 2시간도 되지 않아 대학병원으로 옮기라고 했다. 원인은 전신에 염증이 생겨 자기 병원에서는 치료 불가 판정이다.
 전남대학병원으로 옮겨서 CT 촬영 결과 척추 4번과 5번 사이에 염증이 있다는 판정, 우리 가족은 수술로 고민했다. 척추 전문 병원이 좋을 것인가? 자식들은 의논 끝에 대학병원의 의술을 믿고 병원 지시대로 따르기로 했다. 수술 날짜는 3일 후로 잡혀 그 기간 참아내는 고통은 이루 말할 수 없었다. 염증 수치가 7 이하로 떨어져야 하는데 27이어서 통증을 못 견뎌 차라리 죽는 게 났겠다고 생각했다. 수술을 마치고도 염증 수치는 20 이하로 내려오지 않았다. 암 환자도 일주일이면 퇴원을 하는데 45일을 중환자실에서 견뎌야 했다. 6인실은 말기 암 환자들의 절망적인 모습과 생사의 길을 갈아타는 사람들을 보았다. 나는 통증만 잡히면 퇴원한다는 희망의 용기가 되어 차츰 운동도 하고 독서를 하며 여유를 가졌다. 신은 우리에게 이기고 견딜 만큼 고통을 주신다는 것을 깨닫고 인생의 한 고개를 전대병원에서 넘겼다. 살아가는 동안 호사다마의 연속은 계속되었다.

2022년 2월 아내가 갑자기 안방에서 주저앉았다. SK병원에서 MRI 촬영을 하고 의사의 판독 결과 뇌출혈이 멈추려다 지나가 약을 처방받아왔다. 뇌졸중의 위기를 벗어났으나 건강에 더 신경을 쓰고 지켜 주어야겠다고 생각하고 무사하다는 것에 감사했다. 아내의 힘없는 뒷모습을 바라보며 얼음판에서 기어 나온 마음으로 조마조마하고 안타깝다.

2022년 9월 7일 건강드림내과에서 대장내시경검사를 했다. 내시경검사 결과 작은 용종은 제거했다. 큰 것은 할 수 없어 종합병원에서 2차 검사를 의뢰했다. 2022년 10월 25일 조선대 병원 내분비내과 진료 후 소화기내과로 예약하게 되었다. 10월 25일 조선대병원 영상의학과에서 CT 촬영 결과를 보고 암 발생 직전이라고 했다. 혈액검사하고 중증 환자로 등록하고 대장내시경 예약을 했다. 2022년 11월 18일 조선대병원 영상의학과에서 CT검사, 심전도검사, 혈액검사를 하고 오후 2시 40분 입실하여 오후 4시 40분에 회복실에서 담당 의사로부터 큰 용종을 제거했다는 설명을 들었다. 의사는 일주일 후에 결과를 비뇨의학과에서 알려준다고 내원하라고 했다. 용종 제거하는 추가 비용만 삼십삼만 원

들어갔다.

  2022년 용종제거수술 후 11월 28일 CT촬영을 다시 하고 그 검사 결과는 12월 6일로 잡혔다. 소화기내과에서 대장내시경 검사 결과 2cm 정도 용종제거수술 상처는 잘 아물었으나 매년 대장 내시경 검사를 하고 6개월에 CT 촬영검사를 한 번씩 하면서 5년간 암 발생 여부를 지켜봐야 한다는 소견을 들었다. 너무 마음이 심란해서 아내에게 숨기고 딸을 데리고 검사 결과를 보는 날 갔다. 12월 13일 첫눈이 내린 날 검사 결과를 알아보려고 아내와 딸이 동행해서 비뇨의학과에 갔다. 담당 의사는 다행히 용종제거 상처도 잘 아물고 위장에 검은 점 진행사항은 CT검사를 하면서 관찰하자고 했다. 아직 암 발생은 아니라는 한마디에 지옥과 천당을 오갔다.

  40대 중반에 통풍으로 죽을 만큼 힘들 때 아내도 투병 중이었고 자립해서 잊어버리고 살아줄까 했던 두 동생들은 번갈아가며 물질과 정신적 고통을 안겨주고 천한 목숨 환갑까지만 버티게 해주십사 하고 빌고 빌었던 몸. 더 물러설 곳도 없고 기댈 곳도 없으니 땅에서 엎어진 놈 땅 짚고 일어서야 했다. 온갖 재난을 겪었기에 남의 아픔도 알고 배고픈 서러움을 알아 측은지심을 몸으로 익혔다.

  나의 인생은 더는 모가 나지 않고 동그라미 같기를 바랐다. 인생 여정은 때로는 동그라미 그리려다 세모를 그리고 네모를 그리기도 한다. 서쪽에 지는 태양도 둥글고 눈부시게 붉다. 사람 마음도 둥글어 보름달을 보고 차별하는 사람 없이 둥글어 강강술래 하듯 손잡고 둥글게, 둥글게 살다 환한 얼굴로 웃고 떠나면 좋겠다.

조상에게 물려받은 유산은 가난뿐이라 굶은 날이 더 많아 박복한 삶의 희망이 꺼질 줄 알았다. 소년가장으로 빚쟁이들에게 핍박도 받고 병마와 싸우며 이겨내고 밑바닥에서 배우려고 노력했다. 부족한 열등감을 이겨내고 모르는 것을 부끄럽게 생각하지 않고 부단히 노력했다.

돈도 배경도 없으니 동생이 저지른 일로 파출소 구경도 한 번이요. 내 명의 빌려주고 건축법위반으로 경찰서 출입하고, 보증 서주고 집을 압류당해 길바닥에 나 앉을 뻔했던 위기와 아내의 투병으로 웃음을 잃었다.

아내의 약한 심신이지만 그래도 우리 곁에 있어 주어 고맙다. 기특한 자식 4남매를 두어서 동가식서가숙하면서도 희망의 끈을 놓치지 않았다. 힘에 부친 무리한 중노동에 절망적인 위기의 순간도 넘겼다.

경제적 어려움도 이겨내며 자식들을 대학까지 마쳐 행복한 가정을 이루게 하였다. 미래의 무지갯빛이 비치고 어질고 착한 아내의 이해와 조력으로 늦게 시작한 취미생활도 뛰어넘어 "시·서·화"의 분야에서 작가의 대우를 받고 있다. 초년에는 눈물이 밥이 었고 중년에는 노동으로 소금같이 짜디짠 땀에 절여 살았고, 아픈 심신과 가장이란 책임감에 혼자 울며 새는 밤이 많았다. 인생을 마무리하면서 꿈의 동산에 작은 풀꽃이라도 피어 가족을 잘 만나 울타리가 되어 주고 때를 놓치지 않았다.

나의 문학 인생 2010년에 시작해서 2013년 첫 시집 『느림의 미학』을 출간하고, 제2시집 『길섶의 숨소리』를 2018년에 출간하였다.

한국예술인자격을 취득하고 2022년 5월 30일 한국예술인복지

꿈의 안식처

재단에서 창작지원금을 받았다. 그 지원금으로 제3시집 출간을 서둘렀다.

제3시집은 광주농협산악회를 다니면서 100여 편의 산문시를 정리하여 제목은 『숲에서 얻었던 충만』이다. 자연이 살아있는 산천초목의 현장을 만나고 구경하면서 얻어진 소중하고 아름다운 자산이다. 내가 혼자서 어찌 많은 곳을 여행할 수 있고 여유가 있었으랴! 고장마다 다른 산천과 평야와 강을 바다를 보면서 가슴에 응어리진 마음을 펼쳐보았으리, 가는 곳마다 새롭고 골짜기 오솔길도 낭만이 넘쳤던 농협산악회에 일거삼득을 안겨준 것은 행운이었다. 그 여행길은 철 따라 산들바람이 이마에 땀이 고인 여름, 코스모스 온 산에 물들인 풍요로운 오색산천, 겨울의 문턱에서 찬바람에 옷깃을 여미며 술 한 잔에 시름을 나누며 너털웃음에 격의가 없던 산악동행인들 그것이 사람 사는 맛이었다.

여행을 다니면서 인간의 한계와 정성에 눈물이 날 때도 있었다. 전라북도 마이산 돌탑을 쌓은 "이 처사" 구국정신. 지리산 청학동 한풀이 선사는 지금도 진행형이다. 순천 낙안면 초입 "최병수 처사"가 쌓은 광화문, 남대문, 돌탑의 정성을 보면서 "우이공산"의 하면 된다는 진수가 세월까지 덧칠한 이끼가 한층, 한층 노고와 인내에 많은 교훈을 얻기도 했다. 여행은 눈만 즐겁게 하는 것이 아니라 고장의 전설과 문화가 다른 자연의 소중함을 일깨워 주어 살아있음에 감사를 한다.

출판사는 〈인맥스디자인〉에 출판을 맡기고 그래도 출판 경험이 붙어 책 표지부터 참고 자료사진까지 신속하게 제출하여 연말 안에 문화재단에 창작활동 보고서 제출을 불편 없이 마쳤다. 책 표지에 넣은 그림도 스스로 선택해서 그렸다. 책 출간은 할수록 어렵고 미진하나 만족은 없다. 그러나 시집 내용을 들여다보면 산악회 회원은 잊어버린 기억을 되찾아 추억을 떠올려 미소를 지을 것이다. 머리와 기억은 희미해도 책의 소중한 가치가 여기에 있는 것임을 알기에 "시집"은 나의 마지막 인생 여정에 역사가 되어 줄 것이다.
 시집이 나오기까지 나의 노력도 있었지만, 동반자와 스승을 잘 만나 기회를 잘 잡았고 자신과의 싸움에서 이겨냈다.

 지금도 새벽에 일어나 일기를 쓰고 시를 읽으며 굳어진 발에 신을 신고 군왕봉과 체육공원에 몸을 풀고 아침 식사는 7시다. 반복된 일상을 살다 보니 습관이 몸에 배었으나 다리근육이 힘들게 한다. 현관에서 발에 신발을 끼우면서 울면서 달래어 팔백 미터쯤 가면 굳어진 다리가 풀려 하루를 무탈하게 보내나 서예학원에서 3시간 버티는 것이 어렵다.
 이제 2시간 남짓으로 줄였지만 그렇게라도 하지 않으면 문밖 외출도 어렵게 될 처지에 놓일까 봐 마음을 달래어 학원을 나간다. 이런 나를 사랑하며 칭찬해주고 매사에 격려도 해준다.
 행운을 누려온 것은 사랑하는 가족이 있으며 때를 놓치지 않고 좋은 스승을 만나 기쁨으로 알고 열심히 노력한 결과다. 연약한 아내는 남편의 뒷모습을 지켜봐 주고 믿어준 인내의 따뜻한 사랑의 결실이다.

 2023년 팔순을 맞아 가족과 조촐한 만찬을 가졌다.
 외손녀 민효가 대학생이 되어 아르바이트해서 잠옷 선물 받았다. 엊그제 어린이 재롱잔치에 귀염둥이가 성인이 되었다.
 바람 같은 세월에 장손 현목이는 고등학생이 되어 참석 못 하고 축시를 보냈다.

할아버지께 바칩니다

목포 덕인고등학교 2학년 **김 현 목**

태양은 멀리 있지 않습니다
길고 긴 팔십 년
일가의 버팀목이 되어 주시니
그 숭고함을 어찌
태양과 같다 하지 않을 수 있겠습니까

학생 된 도리
본분을 다하는 것이
참된 미덕임을 앎에도
오늘 그분과 함께하지 못함을
못내 아쉬워하는 까닭은 그분의 헌신이 나의
청춘을 빚어냈음을 아는 까닭이요
그분이 나로 하여금
흔들리지 않는 육신과 정신을
가지게 하신 까닭이요
그분의 사랑이
지금도 나와 함께하는 까닭입니다

명월과 같이 높이 떠
우리 길을 밝게 비추어 주시는
자애로운 손길로 우리 삶을 따뜻이 감싸주시는

우리에게 참됨과 올바름을
명징明澄하게 가르쳐 주시는
그 높으신 은혜와 사랑을
한 줄 글에 다 못 담음을 아쉬울 뿐입니다
오래오래 건강하시어 우리의 등불이 되어 주시길 빕니다.

2023년 10월 28일
할아버지 팔순에
손자 현목 올림

맺음말

　산수傘壽를 넘기고 미수米壽를 바라보면서 이 글을 쓰고 있다. 인생 무상함이다. 어둠 속 발걸음이 노을빛 나그네 인생이 되었다. 버릴 건 과감히 버리고 받아들일 것은 겸허하게 받아들이자.
　참으로 못나게 살았다고 자책할 때도 있었다. 너무 약한 몸이라 때로는 원망도 하였다. 가냘픈 몸뚱이가 중노동에 쓰러질 것 같았는데 용케도 가시밭길 헤쳐 나와 팔십 고개를 넘었다.

　어리석고 어려울 때 다독여 주셨던 존경하는 분들 하늘나라에 계시니 그리움이 사무친다.

　노년에 이욕을 버렸고 시화에 매달려 시집 3집을 출간했다. 이제 석류 알 같이 영근 해맑은 시조집을 내고 싶은 소망이다.
　새벽 오솔길을 걷지 못한 지 3년이 되었다. 흥얼흥얼 시도 읊고 어둠 속에 별빛을 보면 마음도 환해지고 새벽 동인들 만나면 반가움에 옛 추억담도 어른거린다.

　그림자 없는 어둠 속에 몸 푼다고 도깨비 체조하고 작은 기침에도 산천이 들썩들썩 울리던 그곳 다시는 갈 수 없고 새벽의 낭만도 포기해야 하는 아쉬움만 서럽다.

연꽃과 원앙

박덕은 미술관 시비 오솔길

777기증

김현승 시비, 김영랑 시비, 황진이 시비, 고도원 시비에 이어
78번째 시비.
문학의 정원에 꽃씨 한 알 심고 싶었다.

저자의 시비(차 한 방울의 향기)

차 한 방울의 향기*

정갈하게 마음을 가라앉히고
하얀 찻잔 속으로 들어간다

거기 출렁이는 호수에
매화 한 송이 피어 있다

맑고 정결한 색깔은
마음의 거울

차 한 방울의 향기
그 속에

심오深奧한 예술의 혼
어느덧 붓 가는 길이 보인다.

* 박덕은 미술관 시비 오솔길에 세워진 저자의 작품

의암義菴 김흥호 연보

- 1944년 9월 12일 생
- 아버지 김기영과 어머니 해주海州 최순임崔順任 사이의 5남매 중 장남

1. 1975년 1월 1일 경주김씨 석암공파종회 총무
2. 1981년 10월 15일 경주김씨청송공파종회 총무이사
3. 1981년 10월 15일 경주김씨청계공파종회 총무이사
4. 1989년 11월 12일 광주광역시 북부경찰서 효도상 수상 〈부부〉
5. 2002년 1월 1일 광주. 전남종친회 감사
6. 2003년 1월 1일 경주김씨 청송공파종회 회장
7. 2005년 7월 8일 제18회 광주광역시미술대전 서예 부문 입선
8. 2005년 11월 4일 제21회 무등미술대전 서예 부문 입선
9. 2006년 1월 1일 경주김씨 청송공파종회 회장 연임
10. 2006년 1월 2일 경주김씨 중앙종친회 선출직 대의원
11. 2006년 1월 14일 경주김씨 광주. 전남종친회 이사
12. 2006년 6월 9일 광주광역시미술대전 서예 부문 입선

13. 2008년 3월 7일 경주김씨 중앙종친회 공로패 수상
14. 2008년 8월 29일 제6회 서울미술대상전 서예 부문 입선
15. 2008년 10월 3일 대한민국예술인협회 서예 부문 입선
16. 2009년 1월 3일 경주김씨 중앙종친회 선출직 대의원
17. 2009년 7월 17일 제45회 전라남도미술대전 서예 부문 입선
18. 2010년 1월 1일 경주김씨 청계공파종회 회장
19. 2010년 9월 문학예술 시부문 신인상으로 등단
20. 2010년 9원 서은문학 회원
21. 2010년 12월 광주광역시 문인협회 회원
22. 2010년 12월 문학예술 회원
23. 2011년 11월 21일 한중서예전시 출품(송시열 선생 시)
24. 2012년 1월 1일 경주김씨 석암공파종회 회장
25. 2012년 1월 31일 광주농협 감사장
26. 2012년 7월 27일 광주광역시 북구 시낭송대회 우수상
27. 2013년 1월 22일 경주김씨 판관공파종회 이사
28. 2013년 8월 30일 첫 시집 『느림의 미학』 출간
29. 2013년 10월 19일 제31회 한국예술문화협회 문인화 부문 입선
30. 2014년 1월 1일 경주김씨 참의공파종회 이사
31. 2014년 3월 22일 제31회 한국예술문화협회 문인화 부문 동상
32. 2014년 6월 5일 제27회 광주광역시미술대전 서예 부문 입선
33. 2014년 8월 13일 제50회 전라남도미술대전 문인화 부문 입선
34. 2014년 9월 2일 제32회 한국예술문화협회 문인화 부문 추천작가

35. 2014년 12월 5일 제2014-362호 어등미술제 문인화 부문 입선
36. 2015년 1월 2일 경주김씨 광주·전남친회 부회장
37. 2015년 3월 8일 제32회 한국예술문화협회 문인화 부문 추천작가
38. 2015년 8원 21일 제14회 한국서가협회 문인화 부문 입선
39. 2015년 9월 5일 제33회 한국예술문화협회 문인화 부문 추천작가
40. 2015년 10월 8일 송림회 창립전시회 회원
41. 2015년 11월 1일 전국소치미술대전 문인화 부문 특선
42. 2015년 11월 4일 제51회 전라남도미술대전 문인화 부문 입선
43. 2015년 11월 4일 제51회 전라남도미술대전 서예 부문 특선
44. 2015년 11월 6일 제25회 어등미술대전 문인화 부문 우수상
45. 2016년 1월 1일 경주김씨 판관공파종회 이사 연임
46. 2016년 3월 6일 제33회 한국예술문화협회 문인화 부문 초대작가
47. 2016년 3월 20일 아정서예원 서죽회 회장
48. 2016년 5월 13일 제24회 한국서가협회 문인화부문 입선
49. 2016년 6월 24일 제52회 전라남도미술대전 문인화부문 입선
50. 2016년 8월 2일 제35회 대한민국미술대전 서예 부문 입선
51. 2016년 11월 14일 제26회 어등미술대전 문인화 부문 입선
52. 2017년 6월 2일 제30회 광주광역시미술대전 서예 부문 특선
53. 2017년 7월 24일 제36회 대한민국미술대전 서예 부문 특선
54. 2018년 10월 4일 제28회 어등미술대전 문인화 부문 특선

55. 2018년 12월 26일 제31회 광주광역시미술대전 서예 부문 입선
56. 2018년 10월 22일 제2시집 『길섶에 숨소리』 출간
57. 2019년 4월 7일 경주김씨 판관공파종회 선출직 대의원
58. 2019년 5월 17일 제32회 광주광역시미술대전 서예 부문 특선
59. 2020년 1월 8일 광주농협 산악회 표창장
60. 2020년 2월 8일 광주광역시 시인협회 이사
61. 2020년 2월 20일 경주김씨 좌랑공파종회 선출직 대의원
62. 2020년 6월 3일 제33회 광주광역시미술대전 서예 부문 특선
63. 2020년 10월 27일 경주김씨 상촌공파종회 선출직 대의원
64. 2021년 7월 2일 제34회 광주광역시미술대전 서예 부문 특선
65. 2022년 5월 31일 제41회 대한민국 미술대전 서예 부문 입선
66. 2022년 6월 14일 제58회 전라남도미술대전 서예 부문 특선
67. 2022년 8월 31일 광주광역시미술대전 서예 부문 추천작가지정서
68. 2022년 9월 22일 제3시집 『숲에서 얻었던 충만』 출간
69. 2023년 1월 27일 광주광역시 시인협회 이사 연임
70. 2023년 2월 3일 광주농협 표창패 〈문화상〉
71. 2023년 4월 7일 경주김씨 좌랑공파종회 이사
72. 2025년 6월 문학공간 시조 신인상 수상 당선
73. 2022년 10월 15일 자서전 『삶의 징검다리』 출간

삶의 징검다리

의암(義菴) 김흥호 자서전

초판 1쇄 찍은 날 | 2025년 10월 01일
초판 1쇄 펴낸 날 | 2025년 10월 15일

지은이 | 김 흥 호
펴낸이 | 최 봉 석
디자인 | 정 일 기
펴낸곳 | 동산문학사
출판 등록 | 제611-82-66472호
주소 | 광주광역시 남구 대남대로 340, 4층(월산동)
전화 | (062)233-0803
팩스 | (062)233-0806
이메일 | dsmunhak@hanmail.net

값 15,000원

ISBN 979-11-94249-20-7 03810

※ 잘못된 책은 교환해 드립니다.
※ 이 책은 한국예술인복지재단 창작지원금을 지원 받아 제작되었습니다.